# 시근도 없이 웃었지

# 시근도 없이 웃었지

조춘호 수필집

수필과비평사

## | 책을 엮으며 |

첫 수필집 《선무당 가위질》이 부끄러운 신변잡기였듯이 또 그렇다.

이번에도 그저 살아온 이야기를 조작조작 쓴 글이다.

문학도 역사도 철학도 아닌 자서전적 구술뿐이라서 출간이 망설여졌다.

그러나 참척지통을 겪으며 백수까지 살아내신 어머니와 초등학교 시절부터 40여 성상 교직 기억의 편린을 엮어 놓고 싶은 마음이 컸다.

충청도 고향 사투리도 추억하고 싶었다. 시근도 없이 '뭐여'를 썼다.

다독 다작 다상량이 되어야 좋은 글을 쓸 수 있다는 것은 알고 있으나 지금껏 그 바탕이 없다. 그래서 2016년 얻은 '등단'이란 이름은 아직도 내겐 안 맞는 옷이다.

모두 모두 부끄럽기만 하다.

이 글을 읽는 분들에게 죄송한 마음이다.

갑진년(2024) 정월

**조춘호**

# 목차

3부

## 작은 부끄러움



4부

## 만추의 마음으로

5부

## 고향 내음 흙내음



6부

## 교직의 흑백사진

1부

# 어머니의 여울

# 어머니의 가난

우리 할머니는 딸 하나와 아들 삼 형제를 두셨다. 할머니가 1962년 81세에 돌아가셨을 때 모두 장수했다고 했다. 그러나 할머니의 아들들은 어머니 명을 닮지 못했다. 막내 숙부는 40대, 장남인 우리 아버지는 50대, 둘째 숙부는 60대에 하늘나라로 갔다. 그러나 성씨 다른 며느리 셋은 달랐다. 맏이인 우리 어머니는 100세를 15일 앞두고, 둘째 숙모는 92세, 할머니께 귀염받던 막내 숙모는 지난 여름에 98세로 소천하셨다. 사람들은 장수 집안이라고 했지만 유씨, 양씨. 김씨 모두 성이 다르니까 유전인자 덕은 아닐 것이다.

이 세 분은 장수하면서 내 몸보다도 형님 건강, 동서 건강을 서로 챙기며 지내셨다. 세 어머니가 우애 좋게 지낸 삶은 자식들은 물론 동네 사람들에게도 귀감이 되었다. 특히 조씨 집안으로 장가든 사위들은 그

가풍에 놀라워하고 이구동성 자랑스럽다고 했다. 그런 가문에서 자란 게 은연중 내게도 보이는지 친구나 동료, 하숙집 아줌마까지 너의 집은 삼, 사촌끼리 참 이상하다고 할 정도였다.

막내 작은어머니가 돌아가신 후 얼마 지나서였다. 조씨(趙氏) 가족 카톡에 종손인 동생이 글을 올렸다.

"막내 작은어머니 돌아가신 지 2개월이 지났네요. 제가 요즈음 삼동서 어머니들을 중심으로 과거 사진을 다시 고밀도로 스캔하여 연대별로 회상해 보는 슬라이드쇼 프로그램을 만들고 있습니다. 옛날에 스캔한 것은 해상도가 떨어져서 사진이나 필름을 찾아 스캔하고 있습니다. 파일 사이즈가 클 것으로 예상되어 유튜브에 올려 누구나 언제, 어디서든 핸폰, 컴퓨터, TV로 볼 수 있도록 하겠습니다. 부산 경호 누님 댁에 세 어머니가 가셨을 때 용두산 공원 철쭉 앞에서 찍은 사진을 표지로 하려고 합니다."

열다섯 명이나 되는 사촌들은 유튜브 작업 소식에 반가우면서도 눈이 침침해가는 칠순 나이를 생각하라며 건강을 위해 만류를 했다. 그러나 조씨 족보에 없는 외손자까지 이름, 생년월일을 올려 집안의 뿌리 의식을 심어주는 의도로 시도한다고 했다.

그 가상한 일념에 동참하여 사촌 형제자매들은 족보 자료가 될 사진을 카톡에 올리기 시작했다. 가장 오래된 1939년 할아버지 회갑 사진을 비롯해 처음 보는 사진들은 옛날 추억 새록새록, 그리움에 감회를 새롭게 했다.

그중에 내가 처음 보는 사진이 올라왔다. 누구네 집인지 창문이 있는 배경으로 세 살 위인 사촌오빠와 내가 찍은 사진이었다. 나는 단정한 단발머리를 하고 의자에 앉아 있다. 소매에 무슨 색인지 몰라도 끝동 단 누비저고리를 입고 두 손은 치마 위에 짧은 손가락을 쫙 펴서 얹고 있다. 그 손등이 어찌 그리 오동통한지 젖배 곯고 자란 아이 같지 않았다. 치마 밑으로 나온 신발은 둘레에 선을 두른 고급 털신으로 보였다. 발이 땅에 닿지 않아 의자 가로대에 발을 걸치고 있는 모습을 보면 아마 네다섯 살은 되지 않았을까. 아무튼 심각한 표정으로 나는 앉아 있다.

남편에게 보여줬더니 사진의 내 얼굴에 손가락을 대고 한마디했다.

"콤파스로 한 바퀴 돌려 놓은 것 같애."

어찌 그리 내 얼굴은 어릴 적부터 넓적하고 똥그랐을까. '넓적까부리'란 별명이 맞았다. 그러나 내 관심은 동그란 얼굴이 아니라 우단 털신에 가 있었다.

흑백 사진이지만 또렷하게 보이는 신발!

갑자기 동생이 '가난'이란 글을 썼을 때 일이 퍼뜩 떠올랐다. 오래전 친정에 갔을 때 본 글이었다. 무슨 책에 올린 것인지 기억은 나지 않지만 가난한 집안, 고생한 어머니에 대하여 시 형식으로 쓴 글이었다. 땡볕이 내리쬐는 밭고랑에서 쪼그리고 앉아 일하던 어머니, 온종일 중노동에도 불구하고 건건이 하나로 때우는 변변찮은 식사, 세상 나들이 한

번 못해본 홀어머니 고난의 삶을 동생은 우리 집 가난으로 절절하게 수사해 냈다. 그 글을 읽고 어머니 생각에 가슴이 저렸다. 독자들도 모두 애처롭게 공감할 것 같았다.

그러나 나는 동생의 '가난'에 대해선 생각이 달랐다. 동생에게 묻는 대로만 대답하라고 했다. 어쩌면 우리 집 가난에 대한 반박이었다.

"우리가 살았던 고향집이 초가삼간이었던가? 방이 몇 개였지?"

"네 개였잖아요."

"그래, 네 개. 안방 건넌방 말고 대청 건너 부엌 딸린 사랑방, 집 없는 사람이 와서 늘 살았던 아랫방까지 네 개였지. 우리는 옴팡집에서는 안 살았어."

"그래요. 다른 집보다 안광, 바깥 광도 있고 마루짱도 넓은 큰 집이었어요."

"또 물을게. 학교 다닐 때 책은 어떻게 가지고 다녔지? 소청 보자기에 싸 가지고?"

"1학년 때는 누나가 물려준 란도셀(가죽가방) 메고 그 다음은 비닐 가방…."

"그리고 어렸을 적 보리밥 먹은 기억이 있어? "

"보리밥…? 보리밥은 기억이 안 나요."

"그럼 또, 다른 애들 다 신었던 검정 고무신 신어 본 적 있었어?"

"한 번도 검정 고무신 신은 기억은 없어요. 운동화 신었을걸."

"그래, 나도 끈 매는 청색 운동화랑 초록색 우단 구두도 신었어. 당시는 산다고 하는 집 애들이라야 고무 구두라고 얼룩덜룩 꽃무늬 신발 신었지. 그건 그렇구, 무명에 검정 물들인 광목 바지, 여름에 삼베 잠뱅이 입어본 적은?"

"그런 옷은 못 입어 봤지요."

"그럼 무슨 옷을 입은 기억이 나는데?"

"겨울에는 고리뗑(골댄) 양복 입었구, 여름엔 나이롱 옷?"

"나도 겨울에는 눈에 둥글어도 춥잖겠다는 게세타(털스웨터), 여름엔 빳빳한 모시 옷, 자미사 옷 입었어. 할머니 어머니도 베적삼은 안 입으셨어."

"또 물을게. 어렸을 때 우리 집에 와서 밥 먹고 가는 사람들 많이 봤지?"

"보따리 광주리장수들 먹고 자고 갔죠. 동네 아주머니들도 어머니가 밥 차려 주곤 했었지요."

"그래, 어머니는 우리 집 오는 사람 그냥 안 보내고 늘 밥 먹여 보냈어."

"하나만 더 애기할게. 너 어렸을 때 구룡탕(歸茸湯) 먹은 거 기억나?"

"사슴뿔(鹿茸)을 먹었다구요?"

"한의원하던 작은댁 외당숙에게 특별히 부탁해 달여 먹였어. 그 한약이 썼겠지. 안 먹으려고 몸을 뒤로 젖히고 떼쓰면 온 식구가 붙들고 떠넘기던 모습이 선하다."

"……."

"아무리 귀한 아들일지라도 그런 보약 먹일 정도면 우리 집은 가난하였다고 할 수는 없어."

"……."

나는 말을 이어갔다. 6~70년 전 그 시절은 남의 집 곁방 안 살고, 큰 가마솥에 밀기울 둬 줌, 시래기를 넣어 물만 몇 바가지 붓고 끓인 풀대죽 대신에 꽁보리밥이라도 먹으며 보릿고개를 넘길 수 있었으면 가난한 게 아니었다고. 오죽하면 보리밥 먹는 집마저도 어른들은 아이들에게 배 꺼진다고 뛰지 말라고 했겠냐고. 옛날엔 부잣집이라고 해야 차진 쌀밥에 명절이나 생일 때 떡을 해 먹었는데 우리 집은 부자는 아니더라도 떡도 흔히 먹지 않았느냐고! 옷도 바꿔입을 거 한 벌만 더 있으면 가난 취급하지 않았다고! 그런데 나는 머리에 핑크색 뿔(플라스틱)리본 꽂고 하루에 옷을 두 번 바꿔 입어 3학년 때 담임선생님이 여우라고까지 했다고. 의식주가 그 정도였으면 우리 집은 결코 가난했다고는 할 수 없다고 했다.

동생은 아무 대꾸도 하지 않고 내 반박하는 의도에 일리가 있다고 여기는지 벽 쪽을 바라보며 눈만 끔벅거렸다.

그렇게 동생에게 힘주어 반박론을 폈으나 '가난' 이란 글대로 어머니가 가난을 휘감고 사신 것은 조금도 틀리지 않았다. 그걸 난들 모르랴.

아버지가 돌아가셨을 때 어머니는 40대 후반이었다. 두 분은 일곱 자식을 낳았으나 위로 다섯을 낳는 족족 잃었다. 첫아이 출산 때 어머니가 인삼 든 한약을 잘못 먹은 게 원인이었다. 산모의 젖줄이 말라 신생아에게 한 모금도 젖을 먹일 수 없었다.

우유가 뭔지도 모르던 시절 지극정성 미음을 끓인들 몇 개월 지나면 얼굴에 누렁이 꽃만 피다가 갔다. 그렇게 보내는 날은 하늘도 땅도 모두 빨갛더라는 어머니의 한숨 묻은 표현을 기억한다. 그때 어머니 가슴은 핏빛 빨강보다 더 진한 검붉은 자주색이었을 것이다.

여섯째 나와 일곱째 동생은 동냥젖 덕분인지 그나마 죽지 않고 건졌다. 그렇게 명줄을 이어준 늦둥이 남매를 남기고 병을 얻어 돌아가신 아버지. 여섯째인 나는 중학교 2학년 열네 살, 일곱째로 막내아들이자 외아들인 동생은 겨우 여덟 살이었다.

훗날 그때를 회상하면서 혼잣말처럼 하시던 어머니 모습이 지금도 생생하다.

"슬픈지 뭔지 그땐 암껏두 생각이 안 나더라. 앞으로 어떻게 너희들 가르치야 허나! 그 생각뿐…."

11년 후 막내 작은아버지 돌아가셨을 때가 더 슬펐노라고 하며 하신 말씀이었다.

그렇게 막막하기만 했던 어머니는 주위에서 '장한 어머니'란 칭호를 받을 만큼 아들딸을 위해 곧바로 힘차게 일어서셨다. 그런 어머니를 동네 아저씨들은 '춘호자당님'이라고 불렀다. 자당이 무슨 뜻인지 잘 몰랐을 때지만 어머니는 존중받고 있다는 생각이 들었다.

농사가 생업인 우리 집. 논농사는 일꾼(머슴)에게 맡기고 적지 않은 밭농사는 오로지 어머니가 모두 맡았다. 넓은 글밭은 동네 아주머니들을 불러 함께 김을 맸으나 나머지 텃밭과 뙈기밭은 모두 당신 차지였다. 봄 여름 가을 쉬는 날이 하루도 없었다. 비 오는 날도 수건을 머리에 두르고 나가 엎드린 어머니 모습이 선하다.

농촌에서는 대부분 그렇게 일한다. 그러나 식구가 많은 집은 일을 해도 어우렁더우렁 힘이 덜 든다. 그러나 어머니는 혼자 풀과 싸웠다. '홀아시 일은 터도 안 난다.'는 말이 있듯 정말 그랬다. 한여름 뙤약볕 밭고랑, 온종일 말벗하나 없이 얼마나 팍팍하고 외로우셨을까. 숙명처럼 여기며 호미질을 하셨을지도 모른다.

동생은 학교에 다녀오면 아버지 산소가 있는 산과 이어진 비탈밭에서 꾸부리고 앉아 있는 어머니를 쳐다보아야만 했다. 밭고랑에 앉아 김매는 어머니 모습이 어린 마음에는 가난 때문에 하는 고생이라고 여겼을 것이다. 더구나 아버지 없는 홀어머니라는 것이 어린 나이에 더 처절하게 느꼈을 것이다. 나는 읍내 객지로 나가 학교에 다녔으니 아무래도 덜 실감했을지도 모른다.

그러고 보면 동생 글이 구구절절 맞는다. 어머니의 힘들었던 그 시절을 생각하면 가난이란 글이 절로 나왔던 것이리라.

방학이 되어 집에 오면 농사의 어려움 속에서 어머니는 내게 이런 말씀을 하시곤 했다.

“나랏돈을 먹어야 허는디, 사람은 나랏돈을 먹어야….”

아버지 삼형제 중 작은아버지 두 분은 부면장, 지서장이셨다. 외가의 외삼촌은 교장, 막내 외당숙은 국립은행 지점장이었다. 조카들도 교수, 경무관까지! 지적 노동으로 월급 타는 주변 친족들을 보면서 농사노동으로 곡식을 팔아 어린 자식 학비를 대야 하는 어머니는 그들이 뼛속 깊이 부러우셨을 것이다. 여북하면 어린 내게 그런 나랏돈 말씀을 뼈아프게 간간하셨을까.

두 자식의 객지 하숙비와 학비만 아니었다면 일하는 사람도 넉넉히 사서 농사를 편히 지어도 되었을 것이다. 그러나 어머니는 언감생심 꿈도 꾸지 않는 일이었다.

내가 대학을 졸업하고 나서야 어머니는 이런 말씀을 하셨다.

“큰오라버니가 나한테 당부허구 또 허구 몇 번이나 한 말이 있었단다.”

큰오라버니라면 어머니 큰아버지의 맏아들, 어머니의 사촌오빠였다. 충청남도의회 도의원이라서 우리는 ‘도의원 당숙’이라고 불렀다. 내가 5학년 때 서산군 국회의원에 출마하여 아버지는 우리 고장에서 선거운동을 했고, 어머니는 가마솥에 밥을 지어 투표하는 사람들을 먹이던 기억이 난다. 그러나 낙선을 했다. 그로부터 3년 후 아버지가 소천하자 그 당숙은 힘겹게 가장의 역할을 하는 사촌 여동생이 늘 안쓰럽고 애틋했다. 내가 고등학생 때는 어머니를 볼 때마다 매번 같은 말을 했다고 했다.

"춘호, 여자 그만큼 갈쳤으면 됐어. 더이상은 생각 말어. 짠하게 건진 남매 누가 모르나? 그래도 동생두 좀 편히 살으야지…."

그 큰외당숙은 외가 유씨 장손인지라 집안 대소사에 천편擅便을 많이 하신 분이었다. 머슴을 둘씩 두고 농사지으며 교장까지 하고 있던 외삼촌마저 사위만 잘 고르면 된다는 사촌 큰형의 말을 따라 맏딸을 중등 교육 외 더 진학시키지 않아서 한이 된 외사촌언니도 있다. 그러나 어머니는 큰오라버니의 당부가 진심이라는 걸 알지만 묵묵히 듣기만 했을 뿐 흔들리지 않았다. 하지만 외당숙이 알 수 없는 한숨을 얼마나 깊이 내쉬곤 하셨을까.

어머니는 돌아가실 무렵 이런 말씀도 하셨다.

"P네, J네 땅 팔어 자식 학비 댈 때 난들 그런 생각 안 해 봤겄니?"

내가 공주에서 학교 다닐 때였다. P네, J네는 물배미 논이랑 어디 밭을 팔아 대전에서 공부시킨다는 우골탑 소식을 들었다. 그들 집은 젊은 부모였는데도 농토까지 팔 수밖에 없었을까, 그런 생각을 해보기도 했다.

그러나 그들보다 나이가 더 들고 홀어머니인 우리 어머니는 땅 한 뙈기 남의 손에 넘기지 않았다. '나라고 그런 생각 안 해 봤겄니?' 전답이건 산이건 한 귀퉁이 팔아서라도 객지로 나간 두 남매의 뒷바라지를 넉넉하게 하고 싶을 때, 어떻게 그 마음을 버리셨을까. 이 밭 저 밭의 무성한 잡초, 끝도 없는 일에 육신이 고달플 때는 아무리 강인하게 맘 다지더라도 일꾼 사서 밭농사를 쉽게 하고도 싶으셨을 어머니.

어머니는 그 모든 생각 다 버리고 아버지의 땅을 손끝 하나 건드리지 않으셨다. 그렇게 가난한 고생의 대가로 지금까지 아버지 유산은 고향에 온전히 남아있다.

버티고 견디고 또 견뎌낸 어머니의 희생은 사촌들까지 눈물겨운 큰어머니 추억으로 말하곤 한다. 그러니 동생 글대로 '가난'이 어찌 당연하지 않은가.

그러나 세월은 무심하지 않게 흘렀다. 지성이면 감천이었다. 어머니가 온몸을 바친 피땀과 교육열로 아들딸 남매는 박사, 석사가 되어 그리도 원하시던 나랏돈을 먹었다. 며느리와 사위까지도 나랏돈 먹는 사람을 얻었다.

더구나 아버지 짧은 명까지 덤으로 사셨을까. 평생 병원에 입원 한번 한 적 없이 그 고된 밭일에 허리도 굽지 않은 채 아들 집에서 건강 백수白壽를 누리고 가셨다.

자식 교육을 위해 가난을 온몸에 휘감고 사셨던 어머니. 지금도 고향에 가면 뙤약볕에서 수건을 두르고 김매던 어머니 모습이 나를 맞는다.

"어서 들어가! 쉬어."

어머니 목소리가 바람 따라 들려온다.

# 소원대로 됐어

올해도 얼마 안 있으면 설이 돌아오고 있다. 행신역 앞 대지에도 내 마음에도 머잖아 돌아올 설 기운이 가득 차오르고 있다. 명절 때가 되면 절로 어머니 생각이 난다.

어머니는 종손며느리였다. 그 책임은 남달라야 했다. 손바느질로 가족들 설빔을 만들고, 절구방아 찧어 가루 내서 떡 찌고, 떡가래를 손이 부르트도록 써는 일은 여느 집에서나 하는 일이었다. 종가인 우리 집은 제기를 준비하는 것이 큰일이었다. 목기는 간단히 씻어 말리면 되었지만 거뭇거뭇해진 유기는 대충 닦아선 어림도 없었다. 기와 가루로 닦으면 쉽다는데 학교 건물조차도 1교사, 2교사는 기와였지만 3교사는 볏짚으로 이엉을 엮어 얹은 초가였다. 그러니 기와 가루 대신 볏짚 태운 재가 전부였다.

어머니는 부엌 광에서 꺼낸 놋그릇을 잔뜩 쌓아놓았다. 수저, 대접, 주발, 촛대…. 몇 개나 되는지 세어볼 엄두도 나지 않았다. 그 많은 것을 재 묻은 볏짚 수세미가 흐느적거리도록 손에 힘을 주어 문질렀다.

할머니도 계셨지만 할머니가 놋그릇 닦는 것을 나는 한 번도 보지 못했다. 어머니 혼자 쭈그리고 앉아 아궁이의 시커먼 재를 고무래로 긁어 뭉친 짚수세미에 수시로 발라가며 그 많은 놋그릇을 다 닦으셨다. 가끔씩 허리를 뒤로 쭉 젖히실 때 검댕 묻은 얼굴에 찌든 피로를 어린 나는 당연한 줄 알았다.

6학년이 되었을 때에야 어머니 옆에서 한 번 따라 해보았다. 대접 한 개를 닦고 나니 손에 힘이 쏙 빠지고 팔도 아팠다. 그렇게 힘든 일이라니. 그런데 빡빡 문지른 후 물에 씻어보니 어쩜 그리도 노랗게 반짝이는지 참 신기했다. 힘들었던 게 싹 달아나는 기분이었다. 아마도 조상을 받드는 정성과 효심을 빛나는 놋그릇에 담아두지 않았나 싶다. 아무튼 어머니를 힘들게 한 우리 집 놋그릇은 제사 때마다 그렇게 아름답게 반짝이는 금 그릇 같았다.

어머니는 설 추석 차례 상 외에도 일 년이면 열한 번 제사상을 차렸다. 현조까지만 기제忌祭를 지내고 그 이전 선대 조는 한꺼번에 시제 時祭를 지내는데 왜 이리도 많을까?

알고 보니 기제사를 모시는 할아버지 중에 두 분의 부인도 있었기 때문이었다. 이 열하루 기일을 다른 가족들은 기억을 못하고 있어도 어머니만은 매번 틀림없이 제사상을 차려 내놓았다. 할아버지는 그런 며느리에게 '넌 어찌 그리 총기가 좋으냐?' 칭찬을 일삼으셨다고 들었다. 물론 시아버지의 찬사를 들으면 격려가 되었을 것이다. 그러나 양 명절을 합하면 열세 번이었다. 오죽 힘겨우셨을까. 어느 달은 한 달에 두 번의 제사가 있었다. 제사를 지내고 돌아서면 또 다음 제사를 준비해야 했다.

제수 구하는 것도 쉬운 일이 아니었다. 농사짓는 우리 집은 닭도 길렀고 떡쌀이나 탕국 두부 만드는 재료 걱정은 없었다. 하지만 콩을 불려 맷돌에 갈아 두부를 만들고, 켜켜 고물 시루떡, 맑은 제주祭酒 만들기 등 제사 음식을 준비하는 것은 온전히 어머니의 노동력이었다. 그 밖의 제수는 동네 유일한 전방廛房에 가보지만 산적할 고기, 건어물 포, 조기, 과일 등 거의 없었다. 집뿌리재, 모래고개, 또 한 고개를 넘어 40리길을 걸어서 서산 읍내 장에 가야만 했다. 아무리 간단하게 차린다 해도 대대로 내려온 전통 제사상에 반드시 올릴 것을 빠뜨릴 수는 없었다. 어머니는 그렇게 제사상 준비를 일 년 열두 달 내내 하셨다. 아마도 종부가 된 당신의 숙명이라고 여기며 감내하셨을 것이다.

제사 당일 아침이 되면 등성이 너머 사는 둘째 작은어머니가 서둘러 오셨다. 작은 어머니는 먼저 무 자른 토막으로 커다란 가마솥에 돼지기름을 바르고 솥을 데웠다. 그리고 부뚜막에 쭈그리고 앉아서 전을 부치셨다. 양이 적을 때는 화덕 위에 솥뚜껑을 엎어놓고 부치기도 했다. 쇠솥에서 하는 일이라서인지 어른들은 부침개 만드는 일을 '철질' 한다고 했다. 철질이 끝나면 산적을 만들고 조기를 쪘다. 나물을 무치고 탕도 끓였다. 두 어머니는 하루 종일 부엌일을 하셨다.

오후가 되면 어김없이 오시는 손님 두세 분이 있었다. 하얀 두루마기를 펄럭이며 제사를 지내러 오는 아버지의 재종, 삼종 형제분들이었다. 우리는 태안 아저씨라고 불렀다. 할아버지가 외아들이었기에 아버지는 사촌이 없었다. 그래서인지 육촌 팔촌 형제, 그리고 어쩌다 호적자 돌림 조카까지 오는 걸 무척 반가워 하셨다. 물론 아버지도 1년에 몇 번씩 여름철이면 모시 두루마기 정장으로, 가을 겨울 철따라 근흥면 마금리까지 40여 리 길을 걸어서 집안 어른들 제사에 다녀오시곤 했다.

태안 아저씨들과 숙부 숙모, 4촌들, 온 가족이 북적북적 저녁식사를 마치고 나면 할머니와 내가 쓰는 안방에 제사상을 차리기 시작했다. 남자 어른들은 먹을 갈아 한지에 지방紙榜과 축문祝文을 썼다. 당일 모시는 분이 누구냐에 따라 표현이 달랐다. 요즘은 지방을 붙이는 대신 영정 사진액자를 놓는다니 얼마나 간편할까. 물론 돌아가신 분들 사진이 없던 시대였으니 부러워할 것도 없지만 말이다.

벼루를 거둔 다음 방안에서는 알밤을 정성스레 깎고 사과 배 위아래 부분을 도려내어 제기에 올렸다. 제사 시간인 자정이 돌아오면 부엌에서 몇 날 동안 힘겹게 준비한 제사음식이 방으로 들어왔다. 좌포우혜, 조율이시棗栗梨柿 등 법식에 따라 이쪽저쪽 옮겨가며 1열, 2열…. 남자 어른들은 격식을 갖춰 진설하셨다.

"이건 퇴주잔, 탕 그릇은 여기 놓아라."

사촌 큰오빠에게는 실습도 시키셨다. 종손인 남동생은 너무 어렸기 때문이었다. 그러나 나는 종가의 맏딸인데도 늘 열외였다. 절도 물론 안 시켰다. 결혼 후 어쩌다 족보를 보았더니 조趙씨 가문에 태어난 내 이름은 없고 엉뚱한 남편 이름만 작은 글씨로 올라있었다. 대대로 내려오는 성차별을 고스란히 당할 뿐 누구에게 하소연할 수도 없었다.

'유세차維歲次'로 시작해 상향尙饗으로 끝나는 축문이 운율에 따라 구슬프게 읊어지고, 술을 몇 번씩 올리는 범절이 끝나기만을 기다렸다.

제사를 지내고 나서도 어머니는 부엌에서 떠나지 못했다. 하루 이틀 묵고 가시는 친척 어른들의 진짓상을 차려내야 했다. 시장도 없는 깡촌에서 제사상 못지않게 부담이었을 것이다. 그러나 어머니는 한마디의 어떤 불평도 없었다. 한결같은 모습으로 예의를 갖춰 그 어른들을 성의껏 대접하셨다.

종3품 벼슬을 하셨다는 13대조 할아버지가 가풍을 세우신 건지 우리 집안은 어느 일보다도 그렇게 조상님들 모시는 제사와 시제가 1년 중 가장 큰 행사였다. 그러고 보면 "가난한 집 제사 돌아오듯 한다."는 곧 어머니 생애를 뜻한 속담인 것 같다.

공군 소위 제복을 입은 남편을 만나게 된 것은 내가 교사 첫 발령지인 모교 팔봉초등학교에 근무할 때였다. 사윗감이 생겼다고 여긴 어머니는 그가 몇째 아들인가를 무엇보다도 궁금해했다. 6형제 중 둘째라는 말을 듣고는 몇 번이나 "둘째라구…?" 되뇌이셨다. 그 얼굴에 잔잔한 미소와 안도감이 스쳐갔다. 그리곤 마침내 전장의 승리자라도 된 듯 말씀하셨다.

"소원대로 됐어."

한 마디였지만 나는 그 소원이 무엇인지 단번에 알 수 있었다. 일생 동안 내색 한번 하지 않으셨던 어머니였지만 평생 가슴에 담아온 진심이라는 것을.

"선대先代 봉사奉祀가 어디 쉬운 일인 줄 알어?"

혼잣말처럼 이어지는 말씀에 절로 가슴이 아렸다.

18세에 맏며느리로 시집와서 1년이면 13번, 10년이면 130번. 환갑이 지난 때까지 500번이 넘는 제사상을 차렸을 어머니. 성서에도 제사를 담당한 레위인에게 50세 이후에는 봉사奉祀하는 일을 쉬라고 되어 있다. 그런데 어머니는 그러지 못했다. 환갑 진갑이 넘도록 불평 한마디 없이 때때 돌아오는 제사상을 차리셨다. 하지만 애지중지 키운 외동딸만은 당신처럼 맏며느리가 안 되길 바란 간절한 소원!

1980년대 광명시 학교에 근무할 때였다. 1년에 몇 번씩 수업만 마치면 제사 음식 차려야 한다고 조퇴를 일삼던 동료 교사 H와 P가 있었다. 그들은 봉사奉祀를 책임 맡은 그 집안의 맏며느리였다. 윗분들의 허락을 받고 서둘러 학교를 빠져나가는 뒷모습을 볼 때마다 대단하다고 생각했다. 그 마음을 예찬해 주고도 싶었다. 하지만 우리 어머니를 보는 것 같아 안쓰러움이 더했다.

그러나 요즘에는 유교식 제례 문화가 현대적 감각으로 간소하게 변모되고 있다. 맏며느리라고 일평생 제사의 굴레 속에 지내는 가정은 보기가 어렵다. 심지어 퇴계 이황 종가 문중에서까지도 불천위不遷位 제사를 자정에서 저녁 6시로 앞당기기로 결정했다고 한다. 이렇게 변화되다 보니 제사상 음식마저도 홈쇼핑에 주문한다고….

또한 산 사람 위주라며 피자도 시켜 올리고 바나나도 놓는다는 것이다. 그래서인지 조상님들이 이 집이나 저 집이나 음식이 비슷하고 못보던 것들이 올라앉아 자기 집을 찾느라 헤맨다는 우스개도 떠돈다. 그러나 바다 건너 제주도나 해외여행 간 후손들을 찾아갔다가 제사상을 찾지 못해 허탕치고 온 조상들에 비하면 그나마 괜찮다고 한단다.

어머니는 하늘나라에서 이런 세태를 보고 뭐라 하실까? 아마도 호사만난 세상에들 산다 하시겠지.

그래도 어머니는 또 한 번 말씀하실 것만 같다.

"소원대로 됐어."

# 어우렁더우렁 살으야는디

어머니는 아들딸 남매에 손주가 여섯이다. 딸과 며느리가 선생이라 손자들을 도맡아 키우셨다. 외손자지만 첫손자인 우리 큰아들은 누구보다도 외할머니 손에서 첫사랑을 듬뿍 받고 자랐다.

2011년 음력 3월 16일은 어머니의 백수白壽 생신날이었다. 아들은 직장 일도 뒤로하고 전날부터 할머니를 뵈러 갔다. 마흔이 되어 가는데도 할머니 앞에서는 철없는 손자였다. 할머니! 할머니! 부르며 앙상하게 가냘퍼진 팔뚝에 머리를 대고 치댔다.

"아이구. 아퍼 아퍼~".

아프다고 하면서도 얼굴은 흐뭇하기 그지없어 보였다. 마치 유치원 손자라도 보고 계신 듯했다. 그러나 여섯 손주 중 첫손자라는 것을 아시는지 모르시는지도 모를 일이었다. 깜박거리는 정신으로 보아 아마

정확하게 모르실 수도 있다. 평생에 입원 한 번 해본 적 없이 건강하고 그 누구도 못 따라가던 어머니의 총기가 그렇게 흐려지신 것이다. 그러나 당신에게 비비며 안겨드는 손자에게서 느껴지는 사랑은 뜨거웠으리라.

"시근始根두 읎이 좋아~".

하시면서 세상에서 가장 흐뭇하고 행복한 얼굴을 하셨다.

가족들이 모여 생신 축하 사진을 찍을 시간이었다. 큰 초 아홉, 작은 초 아홉, 촛불 그득한 케이크가 상에 올라 앉았지만 어머니는 방에 누워계셨다.

"큰어머니! 일어나셔서 이쁘게 사진 찍으시야여."

칠순 넘은 당진의 사촌언니가 어머니 손을 잡고 일으켰다.

"이뿌긴 늙은이 뭐가 이뿌다구."

조카딸 말에 대꾸하면서도 웃으며 일어나 앉으셨다. 검버섯이 온통 뒤덮인 얼굴이야 어쩔 수 없지만 뻗친 머리는 내 파란색 빗으로 살살 빗겨 드리며 매만졌다.

"이게 빗여? 이뿌기도 허여~."

"아이구 고마워."

예쁜 빗도 머리에 닿는 손길도 마냥 좋기만 하신 것 같았다. 내가 눈에 넣어도 아프지 않게 애지중지 키운 하나뿐인 딸이라는 것을 모르시는 것일까. 상 앞에 앉으신 어머니는 "동세, 이루 와!" 망구이신 막내 작은어머니를 옆에 앉히며 온통 함박웃음이셨다.

당신의 99세 생일을 아시는지 모르시는지, 이곳저곳 멀리서 온 조카들이랑 가족들이 형님! 큰어머니! 할머니! 부르며 마루 가득 앉아 사진 찍는 시간이 그렇게 행복해 보일 수가 없다. 기뻐 어쩔 줄 모르시는 모습으로 사진기에 눈을 맞추셨다.

"하나 둘, 여기 보시고 웃으세요."

모두 웃으면서 사진을 찍고 난 후 테이블에 둘러앉았다. 가족들이 건강하게 더 오래 사셔야 한다고 사랑과 진심을 모아 용돈도 드리고 꽃다발도 안겨드리니까 그 즐거움은 주체할 길 없어 보이신다. 그러나 행복 가득 활짝 편 얼굴도 잠시.

어머니는 낮이면 텅 빈 집이 그토록 외롭다고 쓸쓸한 나날을 되뇌이시고야 만다.

"애덜 있으면 말시핀다구 헤두 애덜 읎으니께 암껏두 아녀. 이렇게 어우렁더우렁 살으야는디…."

어머니의 말씀 뒤로 어우렁 더우렁 사시던 어머니의 날들이 보이는 것 같았다.

첫외손주를 환갑부터, 친손주 막내는 여든까지 오로지 손주 키우는 데 정성을 다했다. 예부터 "아이보느니 글밭(콩밭) 맨다."는 말이 있다. 육아가 그만큼 힘이 든다는 뜻이지만 손주들 키우는 것을 사명으로 여겼다.

1회용 기저귀라는 게 뭔지도 모르던 그 시절. 소청 천을 필로 떼어다 기저귀를 만들어 빨고 널고 개어 채우고 싸면 갈아주고 또 빨고…. 꽃무늬가 도톰하게 양각되었던 금가락지는 민가락지가 되었다.

특별히 우량아로 자란 둘째 외손자를 포대기 띠어 업고 대전 탄방동 3층 아파트 오르내릴 때는 이웃들이 "아휴 할머니 얼마나 힘드셔요!" 안쓰럽게 한마디씩 했다.

그 후 친손주들 셋도 모두 업어 키우셨다. 그 흔한 장난감도 없던 시절, 달래고 어르고 시장까지 등에 매달고 갔다. 유모차가 있었다면 얼마나 좋았을까.

기저귀와 포대기가 사라지는가 했더니, 시계 보며 서둘러 유치원 차 기다리고, 가방 메어 학교 보내는 분주한 아침이 되었다. 학교 공부가 끝나 "할머니! 할머니!" 부르며 집에 들어오면 밥 먹여 학원 보내고, 띵동! 소리 귀 여겨 듣고, 문 열어 손주들 맞는 나날. 그게 행복한 일상이었다.

그러나 손주들은 중학교를 졸업하자 외지로 상급학교에 갔다. 낮에는 혼자 남아 직장에 간 아들 며느리 퇴근할 시간만 기다렸다. 직장인이 퇴근 후 저녁 일정도 있다는 걸 어찌 모를까. 그래도 철 대문 소리 나기만을 기다렸다.

한 해 두 해 세월이 흘렀다. 2층 양옥에 사람 그림자 하나 없이 덩그마니 혼자 집에 있는 것이 외롭기 그지없었다. 할머니를 부르며 드나들던 손주들을 바쁘게 뒷바라지하던 때가 그리워도 소용없고, 감나무 집에 모여서 윷 놀던 할머니들이 보고 싶지만 그들도 하나둘 먼저 하늘나라에 갔다. 심심찮게 보던 텔레비전마저도 눈길이 가지 않았다. 퇴직한 딸 집은 덜 쓸쓸할 것이란 걸 알지만 오로지 아들네가 내 집이었다.

어느 날 햇볕 드는 바깥 베란다에 우두커니 앉아 있을 때다. 대문 틈으로 들고양이 한 마리가 들어왔다고 했다. 젊은 시절 시골집에서 길렀던 고양이를 생각하며 사랑스런 마음으로 접시에 밥을 담아 안마당에 놓아 주었다. 그 후 며칠간 드나들 때마다 밥 주는 일을 계속했다. 고양이는 하나둘씩 불어나더니 차츰 무리가 되었다. 내심 걱정스러워졌지만 어쩔 수가 없었다. 그들에게 밥을 주며 "목도 마르지?" 그릇에 물도 담아 주면서 대화하는 것이 마치 지난날 손주들을 거두던 날로 돌아간 듯했다.

그러다 보니 단독주택 지하실이 온통 동네 들고양이 아지트가 되었다. 그들과 어우렁더우렁 시간을 보내게 되었다. 길던 하루해도 쉽게 가는 것 같았다.

그러나 아들 며느리는 고양이 카페도 아니고 불철주야 떼지어 드나들며 내는 고양이 울음소리가 얼마나 불편했을까. 그렇다고 어머니는 먹이 주는 일을 끊을 수 없었다. 결국에 가서는 별수 없이 대문 틈을 막고 지하실 셔터를 내리는 것으로 뜻을 모았다.

별안간 통로가 차단되자 그들은 야옹 인사 한마디 없이 자취를 감췄다.

친구 삼던 고양이마저 떠나고 어머니는 다시 할 일이 없어졌다. 외롭다는 말로도 표현할 수 없는 비어버린 일상 속에 덩그러니 혼자 남게 된 백수의 어머니!

그러니 이처럼 집안 가득 가족들이 모여 기쁨 충만한 날에도 그 쓸쓸한 쓴 뿌리는 그대로 살아서 하소연하시는 것이 아닌가.

최근 고독에 방치된 독거노인을 위해 영국의 '외로움부'나 일본의 '고독장관'이 등장했다는데 어머니의 외로움은 장수의 축복으로 감당하신 몫이었을까.

백수白壽 생신 후 여덟 달을 더 사시다가 100세를 보름 앞둔 겨울날 2011년 12월 16일 소천하신 우리 어머니의 외로움.

내 살아있는 날까지 평생의 한스러움이어라.

# 어머니의 진짜 학력

우리 어머니는 일제 강점기가 시작된 지 3년 후에 태어나셨다. 학교 문턱에도 못 가보신 분이다. 당시 시골에서 대부분 그러했듯 외가에서도 딸이라고 학교에 보내지 않으셨나 보았다. 그래도 어머니는 우리 할머니가 말하던 언문, 즉 한글은 아셨다. 더구나 한자 一, 二, 三 …, 숫자까지 읽을 줄 아셨다.

내가 초등학교 입학하기 전에는 연필을 집게 한 후 내 손을 덮어싸고 꾹꾹 눌러 한글 쓰기 필순도 가르쳐 주셨다.

어머니 방 벽장에는 한자로 된 육십갑자 문서도 있었다. 甲子갑자, 乙丑을축, 丙寅병인, 丁卯정묘…. 화선지에 붓글씨로 반듯하게 정자로 쓴 그 육갑, 시집올 때 큰남동생이 선물해 줬다며 소중하게 여기시는 것도 보았다.

그런 어머니였지만 나는 상급학교에 진학할 때마다 생활기록부 자료의 어머니 학력란에는 뭐라고 써야 할지 언제나 난감하곤 했다. 학벌이 없으니 무학이라고 써야 하나 빈칸으로 둬야 하나 고민했다. 그런데 생각난 것이 '국 · 한 해'로 칸을 채우는 것이었다. 국문과 한문을 해독한다는 줄임말이었다.

대학에 갔을 때 도시에서 온 친구들은 부모님을 비롯해 형제자매들의 학력란이 어찌 빵빵하게 채워졌던지 부러웠던 기억이 생생하다. 그러나 나는 1968년 교사 임용 인사기록카드 자료에도 '국 · 한 해', 그렇게 쓸 수밖에 없었다.

내가 광명시 학교에 근무하며 여의도에 살 때다. 어머니가 여름에 우리 집에 오셨다. 오신 지 며칠 후 김일성이 82세로 사망했다. 신문에서 대서특필하였다.

신문을 펼쳐 드신 어머니는 한자로 쓴 '金日成 死亡'을 천천히 읽으셨다.

"김, 일, 성 사~망"

역시 '국 · 한 해'의 어머니! 숫자 정도만 한자로 아시는 줄 알았는데 신문기사 제목까지 읽으시는 걸 보니 새삼스럽게 뿌듯했다. 그런데 어떻게 한자까지 배우셨는지 한 번도 여쭤본 적은 없었다. 돌아가시고 난 뒤에서야 그게 궁금해졌다. 막내 작은어머니께서 살아계실 적에 혹시 아시려나 하고 기대하며 물었다.

"난 소핵교 댕겼지만 성님은 집에서 갈쳤겄지."

"집에 누구요?"

"으른들이 갈쳤겄지. 한글이야 성님 총기로는 가이갸 그이겨 사흘이면 떼셨을테구…."

추측인 대답이 실망스러웠다. 어머니 '국 · 한 해' 궁금증을 진즉 왜 묻지 못했을까. 이제 알 만한 분들은 모두 돌아가셨으니 영 알 길 없는 과제로 남아있다. 그렇게 무학의 '국 · 한 해' 어머니였지만 어머니는 학위 없는 인생학 박사셨다. 인생학 박사란 말은 내 친구가 붙여준 이름이다.

대학 2학년 여름 방학 때 읍내 친구가 연락도 없이 시골 우리 집에 놀러 왔다. 하필 나는 외가에 가고 없었다. 교통이 불편하던 때라 다시 되돌아 갈 수도 없었다. 어머니는 딸은 없지만 내 친구를 하루 묵어가도록 했다. 그날 밤 친구는 모기장 안에서 잠들기 전 어머니와 대화를 많이 했다. 그 후 친구를 만났을 때 그녀는 정말 정말 놀라웠다고 말했다.

"뭘 가지고 놀래?"

"느이 어머니는 공부 안 하셨잖아. 그런데 정말 훌륭하시더라. 어쩌면 사람이 기본으로 갖춰야 할 가치관이랄까 철학이랄까 그야말로 인생학 박사셨어."

친구 부모님은 학교 교사셨다. 무학의 우리 어머니와 비교할 수 없는 학력이다.

"네가 왜 그렇게 생각했는지 난 알 수 없구나."

"세상에, 사람 사는 도리와 이치가 어찌 그리 환하신지! 이익만 챙기는 것은 내 맘이 불편한 거다. 내가 손해 본 듯하게 살아야 한다, 참을 忍 석 자면 살인도 면한다. 남이 다 내 맘 같지 않으니 궂은일을 만나도 참고 살아야 한다."

친구는 계속 말을 이어갔다.

"그뿐 아냐. 사람에게 너무 푹 빠지는 것은 좋지 않다고 하셨어. 불가근 불가원不可近不可遠이라고. 학교에 다니면서도 떼지어 다니는 것은 좋은 건 아니라고 하시드라."

"나에게도 객지에서 절대로 무리지어 돌아다니지 말라고 경고하셨지."

"어쩜 그리 인생학 박사시냐!"

그날 밤 어머니의 모든 말씀마다 감동이었다고 또박또박 전하던 친구 말은 진심으로 들렸다.

미국에 사는 고향 후배가 잠시 귀국한다고 하여 어릴 적 소꿉친구로 놀던 동네 친구들이 45년 만에 모두 만날 수 있는 행운을 얻은 적이 있다. 이런저런 살아온 이야기를 하다가 우리 어머니에 대해 묻지도 않는 말들을 많이 했다.

"춘호 엄만 다른 엄마와 달랐어."

"왜? 뭐가 어땠길래?"

"누구나 배운 게 없던 엄마들이었잖아. 그런데 춘호 엄마는 판단하는 것이나 모든 게 지혜로웠어. 총명하셨다고 할까?"

"무슨 일로 그런 생각이 들었담?"

"무슨 일? 우리끼리 놀 때도 이치에 맞게 깨우쳐주시던 말씀이 얼마나 경우에 딱딱 맞는 말씀인지 우리는 고개를 주억거렸지."

옳고 뚜렷한 가치관과 판단력이 뛰어나셨다는 말이었다. 옆에 있던 친구 S는 매사 그렇게 똑똑하고 경우만 올바르신 게 아니라 누구에게나 따뜻이 인정을 베푸는 것도 따를 수 없는 분이었다며 자기 어머니의 말을 회상했다.

"우리 엄마 살아 계실 때 말씀이 입에서 있는 것도 꺼내주는 아주머니라고 했어."

그 말을 듣던 W는 하늘나라 자기 어머니를 그리워하며 감격한 듯한 어조로 거들었다.

"우리 엄마도 밭에서 일하고 있으면 춘호 엄마가 불러서 고깃국을 줘 먹었다고 늘 말하곤 했어."

당시 고깃국이 어디 있었을까. 닭 한 마리 잡아 가마솥에 물을 몇 바가지나 부어 삶은 물에 미역 넣고 끓인 국이었으리라. 그것도 1년에 몇 번 제사 때나 누구 생일이었을 때 그랬을 것이다. 그래도 그 친구의 어머니는 고깃국을 드셨다고 딸에게 말씀하곤 하셨던 모양이다.

멀리서 미국에서 온 후배 K도 한마디했다.

"어릴 때 언니네 바깥마당에 감꽃 주워 먹으러 갔다가 들르면 어머니가 항상 뭘 주셨어요."

모두 가난하던 시절에 뭐가 있어서 줬겠느냐고 했더니 떡이고 뭐고 한 번도 그냥 보내신 적이 없었다고 했다. 그리고 언제 보아도 늘 한복만 입으셨다고 기억하고 있었다. 단정했다는 뜻이었다. 그때 L이 또 한마디했다.

"느네 앞마당의 무화과도 맛있었지. 익을 때 가면 늘 따주셨어. 그 과자 나무가 다른 집은 없는데 춘호네만 있었거든."

친구들의 말을 들으면서 평생에 내게 수없이 가르치시던 말씀이 떠올랐다.

"나 실컷 먹고 남 못 주는 벱法여. 더구나 나 좋은 것 먹고 남은 못 주는 거여."

입을 다물고 듣고만 있던 J가 또 한마디했다.

"매사 그렇게 경우만 올바르신 게 아니라 누구에게나 따뜻이 인정을 베푸는 네 엄마가 존경스러웠어. 그렇게 똑똑한 엄마 밑에서 자라니까 춘호가 반장을 하는구나…. 어릴 때인데도 그런 생각이 들었어."

저의 집에 그릇도 많이 주셨다는 건너편 살던 친구의 말을 끝으로 화제는 진달래 꺾으러 산에 갔던 어릴 적 추억담으로 돌아갔다.

사촌 형제자매들도 모이면 이구동성으로 큰어머니는 특출나셨다고 회고한다. 거기다 모든 이에게 베푸는 대가인 큰어머니는 영웅 같은 여장부셨다고까지 말한다.

"세상에는 나쁜 사람도 있으니 조심해야 하고, 내가 한 일은 내가 책임지는 것이지 수원수구誰怨誰咎, 남을 원망해 봐야 소용없는 거여."

영어에 능통하여 글로벌 사업을 했던 사촌동생은 큰어머니는 어쩌면 그렇게 올바른 가치관으로 똑똑하게 우릴 가르치셨는지! 직접 뵈며 듣고 느꼈던 일이나 전해 들었던 감동의 대사들만도 몇 편의 소설이 될 것 같다고 했다.

목사님으로 은퇴한 사촌오빠에게도 여러 차례 들은 말씀이다.

"조카가 지금 당장은 뜻대로 진학하지 못해도 앞날에 더 좋은 일들이 기다리고 있어."

큰어머니 위로의 말씀에 힘을 얻어 도전했다고! 어쩌면 그리 선견지명이 있으셨는지 모른다고 회고하곤 한다. 사촌언니들도 마찬가지다. 결혼할 때, 며느리가 지켜야 할 큰어머니 명심보감을 듣고 새기며 시집을 잘 섬겼노라고….

같이 늙어가고 있는 남편도 젊어 이후 요즘까지 하는 말이 있다.

"장모님이 배우기만 하셨다면 김활란, 임영신? 그보다 훨씬 큰일 하셨을 분이야."

그렇다면 우리 어머니의 진짜 학력은 무엇일까?

앞으로 어머니 학력을 쓸 일이 생긴다면 여전히 '국 · 한해?' 아니야 학력 말고 학위란에 '인생학박사'쯤으로 써보아도 어떨지.

# 자주 봐야 알지

홍성읍내 조흥은행 뒤 감나무 집을 지나면 연둣빛 지붕이 2층 양옥이 있다. 그곳에 구순 앞둔 어머니가 계신다.

"어머니 저 왔슈!"

대문을 들어서며 소리치면 기다렸다는 듯 현관문이 열린다.

"아이구 바쁜디 워치게 왔다니?"

"어머니 보러 왔지."

"바쁜디 뭐허러 와, 엊그제 즌화電話했으면 됐지."

"그래두 어머니 볼라구."

"보면야 좋지. 인저 바쁜디 오지 말구 즌화나 허여. 소식 알면 되니께."

기쁨 가득한 얼굴로 참말과 거짓말을 함께 하신다.

어머니는 백수를 바라보신다.

대문을 들어서며 어머니! 소리쳐도 전처럼 현관문이 열리지 않는다.

방문을 열어 보면 누런 전기장판 위에 우두커니 앉아 계신다.

"어머니 저 왔어요!"

"이게 누구여?"

"어머니 딸!"

"딸여?"

"그럼 내가 딸이지 누구유."

곁에 서 있는 올케가 한마디 거든다.

"아이구, 어머닌 딸두 물류?"

"자주 봐야 알지…."

어머니 눈이 금방 흐려지는 듯하다. 반가운 눈빛보다는 오히려 처연한 모습이다. 행여 올까 이제나 저제나 수십 날 기다리셨을 것이다. 그 딸을 막상 보니 더 야속하신 것일까.

"자주 봐야 알지" 그 말 속에 든 뼈가 가슴을 콕 찌른다.

그러나 하룻밤 자노라면 속이 풀려 어머니는 활짝 갠 얼굴이 된다.

떠나 올 때는 어김없다 "집에 도착허면 즌화허여."

남들이 부러워하는 백수시다. 귀가 많이 어두워진 것도 아닌데 전화벨을 끝없이 울려도 아예 받지 않으신다.

이제는 내가 야속하고 마음이 클클해진다.

서둘러 가보면 여전히 화들짝한 만면의 미소로 딸을 맞는다.

그런데 집으로 오는 날 어머니의 마지막 말은 전에 없이 매번 같다.

"언제 또 봐?"

소식 알면 됐지 바쁜데 뭐하러 오냐고 하시더니….

나는 어머니에겐 하나뿐인 딸이다. 위로 다섯을 잃고 여섯째로 건진 게 나다. 이 귀중한 딸이 버릇없이 자랄까 어릴 때부터 '엄마'가 아닌 '어머니'로 부르게 했다. 그 늦둥이자 첫사랑 첫자식인 딸이 북쪽 멀리 고양시에 산다. 한 달에 열 번 본들, 아니 날마다 본들 또 보고 싶지 않으랴.

"앞으루 자주 올게요."

어머니 손을 붙잡고 말할 때는 늘 간절하고 진심이지만 출근합네, 하고 겨우 생신날과 아버지 기일, 그리고 방학 때나 갔다.

이제 퇴직도 했겠다 한 달에 한 번은 내려 가리라 다짐했다.

"더 자! 실컷 자." 잠충이 딸 흐트러진 이불자락 다독여주시는 그 옆에서 자리라.

그러나 다짐은 다짐뿐으로 끝났다. 퇴직 후에도 노인대학 강의다, 법원 조정이다, 작품 전시회다, 일이 자꾸만 생겼다. 그 일에 어머니는 순서가 밀렸다. "자주 올게요."는 늘 공약空約이 되고 말았다.

'자주 올게요.' 그 말이 또 거짓말이 되고 있는 연말 쯤이었다. 여성회관 서예 전시회를 마치고 새해 연초에나 내려갈 요량을 하고 있는데 동생에게서 전화가 왔다. 누나 한 번 오면 좋겠다고 했다. 기운이 가라앉은 듯한 음성이었지만 일평생 입원 한번 해 보신 적 없는 어머니인지라 백수의 건강도 당연한 듯 느긋했다. 며칠 후 또 전화가 왔다.

"서울 작은어머니랑 명호 형도 다녀가셨어요. 작은어머니가 왜 누나 안 오느냐고 하세요."

그때야 귀가 번쩍 뜨이고 혼비백산이 되었다. 도저히 운전해 갈 수가 없을 것 같아 허둥지둥 영등포로 갔다. 장항선 열차표 파는 곳이 어디야? 전광판을 두리번거리며 찾아 뛰었다.

"얼른 기차표 주세요. 얼른요."

"어디 가시는데요?"

"홍성요. 홍성!"

역무원이 또 무슨 말인지 물었으나 갈피가 안 잡혔다. 그는 다시 말했다.

"철도회원 번호는 있으시냐구요?""

"난 몰라요. 생각 안 나요. 홍성 표! 홍성 표! 가장 빨리 가는 홍성 표만요!"

"회원이면 몇 % 싼데…."

"모른다니까요!"

코레일 회원으로 오래전 가입하여 혜택을 보기도 했지만, 단 한 자릿수도 생각나지 않았다. 장항선에 올라 어떻게 자릴 잡았는지 털버덕 주저 앉았다.

기차 창밖으로는 눈에 익은 산야와 집들이 그대로였지만 내 몸뚱이는 내가 아닌 것 같았고 머릿속은 하얀 백지였다. 그래도 홍성역에서 내려 택시를 잡고 "조양문요!" 라고는 했나 보았다.

조양문에서 감나무 집을 지나 2층 양옥집, 방에서 어머니는 두 눈을 감고 누워 계셨다.

"어머니! 저 왔어요. 어머니 딸! 딸이라구요!"

눈 좀 떠서 나를 보시라고 볼을 비비며 소리쳐도 미동도 안 하셨다.

마지막 인생의 꺼져가는 순간에도 자주 온다던 딸을 얼마나 기다리셨을까.

북받쳐 오르는 설움을 주체하지 못하고 오열을 쏟고 쏟았다.

순간 어머니 입술이 몇 초간 달싹거리는 듯했다.

'딸여? 지금 왔어? 눈은 뜰 수 없어도 네 목소리는 듣는다.'

울부짖는 딸의 음성을 듣고 소원대로 딸을 본 듯 안도하신 것일까.

어머니 양 눈가에 맑은 이슬방울 같은 투명한 눈물이 조용히 흘러내렸다.

평생 딸에게 주신 뜨겁고 진한 사랑의 눈물, 어머니 이승에서의 마지막 선물이었다.

아들 하나 딸 하나, 늘 말씀하시던 '다만 남매'는 통곡의 눈물로 범벅된 찬송과 기도로 어머니 가시는 길을 깔아드렸다.

어머니는 함께 사는 아들 내외가 출근하면 90세 초반까지는 감나무 집에 모이는 할머니들과 어울려 지냈다. 그러나 그 할머니들이 하나씩 하늘나라로 갔다. 별수 없이 감나무 집 추억만 안은 채 어머니는 혈혈

단신으로 텅 빈 2층 양옥집만 지켰다.

어린 세 손주를 돌보던 일도 벌써 어머니 손끝에서 떠나고 손주들이 공부 잘해서 서울로 좋은 학교 가는 것도 아쉬워하실 때가 있었다.

"하나라두 여기, 즈이 애비 대학에 가면 워떼서…."

이제는 손주들이 들락날락하는 모습만 봐도 얼마나 좋겠냐는 바람이셨다. 그렇게 온종일 혼자 덩그러니 남겨진 집에서 외로움을 견디기엔 하루해가 너무 길었다.

'자주 올게요' 공수표를 만들면서도 그런 어머니가 늘 걸렸다.

'집안에 말할 사람 하나만 있다면 얼마나 좋을까!'

어떤 친구는 자기가 가서 말동무해 드릴 테니 월급을 주겠느냐고 우스갯소릴 했다. 정말 그렇게라도 하고 싶었다. 그러면서도 '자주 올게요.'는 여전히 공수표를 만들고 있었다.

어머니가 더 쓸쓸해 할 때는 해가 들지 않는 우중충한 날이었다. 비 오는 날 혼자 있으려면 '쥐암구멍' 속에 있는 것 같다고 하셨다. 쥐암구멍이란 어딜 말하는지 알 수 없으나 쥐가 사는 어두운 굴 구멍을 뜻하는 것 같았다.

"어머니, 그런 날은 여기저기 전등이라도 환하게 다 켜놔요!"

함께 어두워진 내 마음은 퉁명스럽게 말이 나왔다. 진심이었다.

그러나 어머니는 옛날 시골 등잔불 밑에 살던 습관을 버리지 못하셨다.

"낮에 불 킬 것 뭐 있어…."

혼잣말처럼 뇌는 말속에는 오로지 쓸쓸한 어둠만이 가득했다. 그러나 내가 가는 날, 어머니의 쥐암구멍에는 햇볕이 환히 들었다. 그렇게 밝은 햇볕이 곧 나인 줄 알면서, 그런 줄 알면서도…. 뭘 그리 대단한 것에 우선순위를 두고 살았는지. 백수가 아니라 이백수까지도 곁에 계실 줄 알았던 것일까. 닥친 일이 우선순위라고 지낸 나는 죄 중에도 가장 크다는 불효 죄인이었다. 철부지 딸은 이제야 어머니의 외로움이 아려서 울고 있다.

루이스 E. 분이란 작가는 인생에서 가장 슬픈 것 세 가지를 할 수도 있었는데, 했어야 했는데, 해야만 했는데! 라고 했다. 어쩜 그리 한스러운 내 정곡을 찌르는 말일까.

홍성 조양문 옆 조흥은행 뒤 감나무 집을 지나면 연둣빛 지붕 2층 양옥.

'자주 봐야 알지!'

그곳에서 딸을 기다리고 또 기다리셨던 나의 어머니. 어머니이….

요즘도 그 2층 양옥집으로 나는 눈시울을 적셔가며 어머니에게로 가고 있다.

'어머니! 저 왔어요. 어머니 딸.'

그럴 수만 있다면! 그럴 수만 있다면! 헤아릴 수 없는 이 슬픔은 아픔의 농이 되어 가슴으로 흘러내린다. 얼룩져 미어지는 이 가슴, 어머니 가신 지 12년. 내 나이 하나씩 늘어갈수록 어머니의 외로움이 내 안에서 더 살아나는 것 같다. 내 살아있는 날 동안 지울 수 없는….

2부

# 행복해지고 싶은 날

# 시근도 없이 웃었지

초등학교를 7세에 조기입학하고 열세 살에는 객지 서산여중에 입학했다. 급우들은 나보다 대부분 한두 살 위였다. 그래서인지 다른 애들보다 키가 작아 맨 첫줄 선생님 교탁 앞이 자리였다. 내 옆에도 서산 읍내에 사는 동갑내기가 앉게 되었다. 성이 차車 씨였다. 내 성 조趙와 합쳐 '차조짝꿍'이라며 우린 낄낄대며 사이좋게 지냈다.

어느 여름날, 첫 시간 국어 수업을 마치고 쉬는 시간에 우리는 서로 이야기꽃을 피웠다. 무슨 내용이었는지는 지금도 기억이 안 난다. 그러나 그 말을 하면서 짝꿍과 나는 웃기 시작했다. 기쁜 일도 즐거운 일도 아니었다. 그렇다고 재미있게 누가 웃기는 상황도 아니었다. 뚜렷한 이유는 아무것도 없었다. 밑도 끝도 없이 그냥 깔깔깔 알맹이 없이 풀어진 웃음보따리였다.

"우리 왜 웃지?"

왜 웃냐는 말이 어찌도 그리 우스운지 까르륵 까르륵, 참깨가 쏟아지듯 웃었다.

"야, 이만 웃자."

서로 말했으나 그 말은 신바람 나는 선풍기 돌듯 더 웃게 만들었다.

"하하하. 호호호."

얼마나 쉬지 않고 웃었던지 등짝은 물론 허리와 배꼽이 아파왔다. 가슴까지 뻐근했다. 그러나 아픔도 웃는 걸 그치게 하지 못했다. 이어지는 웃음을 어찌할 도리가 없었다.

교실 뒤편에서 듣다못해 아이들이 소리를 질렀다.

"너희들 나사 빠졌어? 뭐가 그리 좋고 재미있냐?"

"그만덜 웃어! 둘째 시간 다 돼가."

말리는 소리도 아랑곳없이 우린 더 웃었다.

"야, 정말 그만 웃자! 시작종 났어."

웃지 않으려고 우리는 입술을 깨물다시피 꾹 다물며 말했다. 그런데 오히려 개복숭아만 한 웃음 주머니가 양 볼 안에 탱탱하게 부풀어 오르고 금방이라도 터질 것만 같았다. 아니나 다를까 꽉 다문 입술 벽을 뚫고 복숭아가 튀어 나왔다. 피~픽~픽. 아무리 참아보려 애썼지만 기세는 수그러들지 않았다.

"얼른 그치자아. 선생님 오셔어!"

울음까지 섞인 음성으로 서로 말했다. 그러나 픽픽 새어나오던 것이 아예 보를 무너뜨릴 정도의 홍소哄笑가 되었다. 수업이 시작될 즈음 봇물이 터졌으니 더 큰 일이었다.

그때 깡마른 몸매에 하늘색 투피스를 입은 가정과 P 선생님이 출석부를 옆에 끼고 들어오셨다. 웃음을 멈추려고 숨도 안 쉬고 노력했다. 허사였다. 멈춰지지 않는 웃음! 어떻게 할 도리가 없었다. 할 수 없이 우리는 책상 밑으로 고개를 수그려 박고 디밀었다. 그곳도 마찬가지로 웃음을 멈춰주는 곳이 못 되었다.

'아, 왜 이러지? 흐흐흐. 키득키득.'

입을 꼭꼭 동여매고 싶었다. 입술에 주름을 잡아 앵두알만큼 오무려봐도 소용없었다. 진땀이 날 정도로 참아보건만 웃음은 멈추지 않았다. 드디어 선생님은 맨 앞자리 두 아이, 책상 밑에 고개 박고 있는 '차조'의 꼴을 보셨다.

"너희들 뭐하고 있는 거야! 왜 웃어!"

오히려 들킨 것이 다행이었다. 그제야 책상 밑에서 고개를 빼고 흐흐흐. 낄낄낄.

참는 고통 없이 웃음을 뿜었다. 수업시간에 이런 모습이 선생님께 예의가 아니란 걸 모를 리 없었다. 죽을힘을 다해 참았지만 한번 뚫린 물꼬는 막히지 않는 걸 어쩌나.

"흐으음. 킥킥. 흐으으음."

어깨까지 들썩들썩 애쓰며 참는 모습을 선생님은 너무 어처구니가 없는지 교탁 앞에서 아무 말도 없이 잠시 멀뚱히 쳐다보고만 계셨다. 드디어 화가 나셨는지 앙칼지게 소리 지르셨다.

"그치지 못해!"

그럼에도 우리들 웃음은 겁이 없었다. 치밀어 오르는 웃음을 억지! 억지로 눌러대도 계속 진행형이었다. 빙판길에서 브레이크 밟는 것과 다름없었다.

"참말, 요것덜 맹랑하네."

연이은 선생님의 꾸지람에도 아랑곳해지지 않으니 이 무슨 조화 속인가. 꼭 우리 몸 전체가 웃음 세포인 것 같았다. 여북하면 그만 웃자는 신호로 서로 옆구리를 아프도록 손가락을 비틀어 힘주어 꼬집었다. 그러면 그럴수록 오히려 더 훗후후 터져 나왔다.

그 순간 드디어 올 것이 왔다.

"정신 차려! 정신!"

선생님 말씀대로 정신 나간 웃음임에 틀림이 없었다. 그래도 웃음을 그치지 못하는 우리 머리 위에 무언가 세차게 내리쳐졌다.

"탁! 탁!"

검은색 두꺼운 각 판지로 된 긴 사각 출석부였다. 당시 출석부는 왜 그리 크고 딱딱했던지. 지금 생각해보면 수년 전 관광으로 필리핀에 갔을 때 '팍상한 물 폭포'를 맞아보았던 압통 정도였던 것 같다. 그렇게 호되게 두 손 들어 내리친 출석부도 소용없었다. 여전히 더 낄낄거렸다. 멈추려는 의지, 도저히 되지 않았다. 끝이 없었다.

"그래도 웃어~?"

선생님은 더이상 실없이 웃는 우리를 포기하실 수밖에 없으셨는지 노한 모습으로 수업을 시작하셨다. 한참 수업이 전개될 때였다. 어쩐 일인지 홍수에 터진 둑처럼 막무가내 밀고 나오던 웃음이 간헐적으로 '으흐, 으흐'가 되며 기세가 수그러들었다. 그러다 슬그머니 한숨을 쉬며 진정되었다. 드디어 웃음 소굴에서 빠져나온 것이다. 20여 분 만의 탈출 해방이었다. 그러나 쉽게 공부가 되지 않았다.

어릴 적 내가 잘못하는 일이 있으면 어머니는 시근도 없이 그런다고 나무라셨다. 시근 없다? 어렴풋이나마 까닭 없는 언행을 하지 말라는 뜻으로 여겼다.

성장해서 알고 보니 역시 시근이란 근본이 되는 원인 '始根'이었다. 돌이켜보면 그날이야말로 어머니 말씀대로 시근始根도 없이 웃었던 웃음이었다. 지금도 그 웃음을 이해할 수 없다. 감정조절 장애였는지 선생님 말대로 제정신이 아니었는지, 친구들 말대로 나사가 빠졌었는지 모르겠다.

그러나 "아이들은 가랑잎 구르는 것만 보아도 웃는다."는 옛말이 있다. 그걸 보면 심신 발달 단계에서 그런 맹랑한 웃음도 어떤 근거가 있는 것이 아닐까.

그런데 얼마 전, 소설가 김훈이 어느 기자와 인터뷰한 내용을 읽게 되었다. 그는 아이들이 이유 없이 까르르 웃는 걸 보면 인간은 아름다운 존재라고, 그게 동심이라고 말했다.

"아이들의 까닭 없는 웃음, 나는 그걸 희망이라 부른다."고도 했다.

'아이들의 까닭 없는 웃음?' 아, 그렇구나! 새로운 발견이었다. 기쁨까지 솟았다.

김 소설가의 말을 옛날 짝꿍에게 들려주고 싶었다. 웃고, 웃고 또 웃었던 우리들의 웃음은 희망이었다고. 열세 살 이유 없던 그 웃음의 시간들이 우리에게만 있었던 것은 아닌가 보다고.

숨 멎을 만큼 함께 웃어댔던 친구, 어느 하늘 밑에 살고 있는지 60년 전 그때처럼 또다시 시근도 없이 웃어볼 수 있다면 얼마나 좋을까.

# 설렘으로 드린 감사 예물

나는 텔레비전을 거의 보지 않는다. 그래서 연예인도 잘 모른다. 언젠가 동료들과 대화 중에 이병헌이 누구냐고 했더니 마치 외계인 같다며 일제히 웃어댔다. 동창 모임에서도 탤런트 박보검을 모른다고 빈축을 산 적이 있다. 그러나 라디오는 늘 듣는다.

부엌 싱크대, 화장대에 라디오가 있고 컴퓨터방 오디오마저 라디오 채널이다. 물론 운전할 때도 자동차 안에선 라디오뿐인데 이 네 곳 주파수는 오로지 한 방송으로 고정되어 맞춰있다. FM 106.8 극동방송이다. 수십 년을 이 방송만 듣다 보니 다른 방송에서는 시샘하여 골을 부리기도 하는 것 같다. 어쩌다 다른 다이얼을 돌려도 주파수가 안 맞는지 잘 나오지도 않는다.

아침 설거지를 하며 변함없이 극동방송을 틀었다. 여자 아나운서가 나긋나긋한 음성으로 누군가와 대화하고 있었다. 감동이 뚝뚝 묻어나는 소리였다.

"오, 아드님이요. 하나님께서 얼마나 예뻐하셨을까요?"

어떤 권사님 아들이 이 어려운 코로나 시기에 취업을 했고 첫 월급을 온전히 하나님께 헌금으로 드렸다는 것이었다. 예사로 들리지 않았다.

그에게는 간절히 소망하여 얻은 직장이었을 것이다. 더구나 첫 월급을 받는 순간은 얼마나 감격스러웠을까. 그는 오로지 하나님의 사랑과 은혜에 감사했으리라. 그렇다고 전액을? 대단한 믿음의 아들이라고 여겨졌다.

불현듯 까맣게 잊었던 26년 전 교감 승진했을 때 일이 생각났다. 1997년 여름 경기도율곡교육연수원에서 교감 자격 연수를 받고 이듬해 3월 1일자로 부천서초등학교로 교감 발령을 받았다. 학생수 3000명 넘는 큰 학교였다. 인천교육대학교 교생 실습 학교이고 경기도교육청 지정 특별활동 시범학교였다. 유능한 교사들의 교육 활동이 활발한 데다 J 교장 선생님, 선임 C 교감 선생님이 다 좋은 분이어서 학교 분위기도 그만이라고 소문난 학교였다. 남들이 부러워하는 그런 학교의 교감이 된 것이 기뻤다.

부임하고 이틀 후였다. 서무실, 지금의 행정실 여직원이 1층 교무실로 내려와 작은 노란 봉투를 공손히 내밀었다. 제법 도톰해 보였다.

'월급날은 아직 멀었는데?'

의아해 하는 내게 '교감 직책수당'이라며 월초에 지급되는 거라고 했다. 30년 교사생활에 연구주임, 교무주임, 과학주임이란 보직으로 주임교사를 십 년 넘게 했으나 직무수당은 없었다. 언제부터인가 봉급표에 1,000원이 얹어지긴 했었다. 모두 코웃음 나오는 금액이라고 했다. 수당이 아니고 아마 주임교사와 일반교사를 구별하는 방점이었던 것 같다.

아무튼, 교감 자리에 앉자마자 수당 20만원! 보직교사 천원의 200배를 받으니 설렐 수밖에 없었다. 돈의 액수 때문이었을까? 처음 받아보는 '교감 직책수당' 여섯 글자는 싱그런 향기가 되어 교무실에 가득 퍼지는 것 같았다.

교사 시절 나는 교감 승진을 포기했었다. 가산점수에 연구점수만 차고 넘칠 뿐 연구보다 큰 비중을 차지하는 벽지 점수가 전혀 없었다. 그보다는 40세 초반에 젊다는 이유로 세 번이나! 적시에 근평을 못 받아서 도저히 기대할 수 없어서였다.

그런데 상사, 동료는 물론 선후배들도 교육계가 썩지 않은 이상 포기해서는 안 될 사람이 왜 그러느냐고 설득했다. 그렇게 진심으로 도와주는 분이 많이 있었기에 교감 승진은 8년 세월이란 긴 기다림을 통해서 마침내 50세에 이뤄졌다.

여호와이레 하나님! 그분의 계획과 섭리는 기어코 나를 교감으로 만드신 것이다. 10여 년 섬기던 '여의도 교회'에 다닐 때였다. 그 은총으로 받은 첫 교감직책 수당을 주일에 하나님께 모두 감사예물로 드렸다.

라디오에서 나온 청년의 월급 전액과는 비교할 수 없지만, 그때 나는 설레었고, 감사 기쁨 행복으로 가득했다.

4월 초에도 어김없이 행정실 사무원은 교감 직책수당을 가지고 내려왔다. 두 번째 수당을 타면 어머니께 가려고 작정하고 있었기에 여느 주말과는 다른 설렘으로 영등포에서 장항선 열차를 탔다.

딸이 교감이 될 수 있도록 건강하게 길러 가르쳐 주시고 당신 성품처럼 책임감을 물려주신 어머니. 방학도 아닌데 어떻게 왔느냐며 놀라는 얼굴에는 기쁨이 가득해지셨다. 그 어머니 오른손에 노란 수당 봉투 그대로 쥐여 드렸다.

"이게 뭐여! 여기다 뭐라구 썼어?"

"교감 직책수당!"

"교감 됐다구 틱벨特別히 주는 거여?"

"그럼, 교감만 주지 아무나 주나유!"

일부러 큰 소리로 으스대듯 대답했다. 맘껏 교만을 떨어도 어머니한테는 더 기쁨이 되실 테니까 그랬다.

너나 쓰지 왜 가져왔느냐고 안쓰러운 듯 말씀하셨지만 어머니는 노란 봉투를 들고 환하게 웃으셨다. 그 모습을 보며 나는 큰 효도라도 한 것같이 기뻤다.

'어머니에게도 나처럼 기쁨으로 설레는 수당이셨겠지….'

내가 떠나온 뒤에 어머니는 '감나무집'에 모이는 동네 할머니들에게 아마도 굵다란 마름모 박하사탕 두어 봉지 사들고 가셨을 게 틀림없다.

무슨 돈으로 사 왔다고 자랑하셨을까?

지금도 하늘나라에 계신 어머니의 음성이 들리는 것만 같다.

"우리 딸이 교감 됐는디 기냥 선생헐 때보덤 틱벨히 돈을 더 준다네유."

딸의 말처럼 아무나 받는 게 아니라고 으스대기도 하셨을 것이다.

"더 받은 그 돈을 몽땅 이 에미 주구 갔슈."

그 말을 들은 감나무집 할머니들은 그런 자식이 어디 흔하냐고 한마디씩 하셨을지도 모른다.

딸 칭찬을 듣는 게 돈보다도 기뻤을 어머니….

그 후 남은 돈은 어떻게 하셨을까. 아마도 시집올 때 해온 모란 머릿장안에 넣어두시던 복주머니형 가죽 핸드백에 싸고 또 싸서 보관하셨을 것이다. 그리고 소중하게 쓸 곳을 궁리하셨을 것이다. 큰돈은 아니었을지라도 어머니께 그런 뿌듯함을 드렸을 나의 교감 직책수당! 그것은 포기했던 교감을 기어이 만들어 주신 하나님의 섭리고 예비하신 은총이었다.

라디오를 들으며 까맣게 잊었던 설렘과 기쁨, 감사예물의 옛 생각에 젖다 보니 어느덧 나는 행복해지고 있었다. 그러니 그 권사님과 아들은 오죽 더할까….

# 나 이빨 치료 안 할래

지난해 교원공제회에서 운영하는 '예다함 상조회'에 들었다. 그동안 다른 저축 보험과 달라 시큰둥했던 터였다. 그러나 P가 권하는 말을 듣고, 누가 먼저 가든 막상 일이 닥쳤을 때 아들들을 당황치 않게 해줘야겠단 생각으로 부부 회원 가입을 했다.

그러나 남편에게는 말하고 싶지 않았다. 다달이 자동이체 대금이 나갔다. 어느 날 내 핸드폰에 출금된 걸 보고 '예다함'이 뭐냐고 물었다. 설명을 들은 남편은 그런 걸 왜 들었냐며 몹시 화를 냈다. 나도 썩 달갑지는 않았는데 더 의외의 태도였다. 결국엔 '일흔 줄 넘은 우리가 불사조인 줄 아냐?'며 언쟁까지 했다.

그러던 그가 올해 수박도 베어 물지 못하는 이빨 빠진 할아비가 되었다. 어금니 한 개와 위의 앞니를 몇 개나 뽑은 것이다. 아직 쓸 만한 이라고 생각했던 것까지 의사는 발치해야 한다고 하니 별수 없었다. 더구나 임플란트를 하려면 젊은이 같지 않아 뼈 이식까지 해야 된다 해서 잇몸 수술도 받았다. 치료 기간도 긴 데다 견적도 만만치 않게 나왔다.

'예다함보다 차라리 치아 보험을 들 걸 그랬나?'

치과에서는 앞니 뽑은 곳에 임시로 틀니를 만들어 줬다. 그러나 말도 우둔하게 새나오고 아프다며 응석 투로 틀니 투정을 했다. 남편은 평소 칫솔의 모가 닳아지도록 이를 닦는 버릇이 있다. 틀림없이 이와 잇몸에 무리가 갈 게 뻔했다. 이가 뭐 그리 더러워서 그토록 오래 닦느냐고 젊은 날부터 수십 년을 말해 왔어도 내 말은 귓등으로도 듣지 않았다. 결국 자초한 입안의 고생이라고 여겨졌다. 그런 남편이 밉살스러워 퉁명스럽게 대꾸했다.

"그럼 의치가 내 이빨 같아요? 적응해 가야지."

그러나 내 말에 아랑곳없이 남편은 결국 틀니를 빼놓고 말았다. 대신 내게는 부엌일이 추가되었다. 사과는 물론 수박 토마토 바나나까지 작게 조각내어 입안에 쏙 들어가도록 해주었다. 김치도 잘게 자르고 될 수 있으면 명란 수프 같은 부드러운 음식을 궁리하면서 식탁을 차렸다. 그렇게 신경 써서 해 주는데도 그는 씹노라면 자꾸 음식물이 입 밖으로 밀려 튀어나오려 한다고 호소했다. 생전 듣도 보도 못한 소리였다.

이가 입안 음식물 방어벽 역할도 한다고 생각하니 인체구조가 참 조화롭고 신비했다. 앞니가 없다 해서 그토록 입술이 힘을 못 쓰고 균형을 잃을까. 김정은과 시진핑이 만났을 때 시 주석이 조·중 두 나라는 순치脣齒의 관계라 했다더니! 남편의 입을 보면 대단한 운명공동체 관계가 순치 관계인 것이 틀림없다.

무엇보다도 남편의 이 빠진 입술이 가관이었다. 퉁퉁 부어올랐던 부기가 내리면서 치과가 뭔지도 모르고 살았던 옛날 노인처럼 입술은 오므라들고 볼도 함몰되었다. 1960~70년대 온 국민의 사랑을 받았던 희극배우 '합죽이 김희갑'은 저리 가라였다. 입술이 도르르 말려 입안으로 들어갔는지 윗입술은 거의 보이지 않았다. 그런 남편이 안쓰럽기도 했지만 절로 나오는 웃음을 참을 수가 없었다.

"할아범! 이빨 빠진 도 장군 3년 먹은 떡값 내라."

어렸을 때 친구들이 이를 갈 때 놀려대던 것처럼 남편을 놀렸다. 그러면 화를 내기는커녕 뭐가 좋다고 덩달아 따라 웃었다. 인중이 폭 파여서 면도도 할 수 없다고 겨우 남은 실금 같은 윗입술을 만지작거리며 또 웃었다. 그렇게 둘이는 시근도 없이 마냥 웃어댔다.

그렇게 웃을 때마다 남편의 합죽이 입은 '영구' '맹구'가 되었다. 어쩜 그리 똑 빼닮았는지 영락없는 영구 맹구였다. 배꼽을 잡고 웃었다.

영구는 1970년대 초반에 방영한 드라마 〈여로〉의 주인공이다. 비록 바보천치 짓을 할지라도 착한 성품인 영구. 그의 캐릭터를 패러디한 것이 심형래의 개그 '영구'였다.

"띠리리리띠리~♪ 영구 없~다!"

그 대사에 어른 아이 할 것 없이 폭소의 도가니로 빠졌다. 아이들은 영구 바보 흉내가 유행이었고 자연 시간에 '일시자석, 영구자석'만 나와도 킬킬 웃곤 했다. 그 후 영구에 버금가게 웃기는 〈봉숭아 학당〉 맹구가 나왔다. 맹구 이창훈 역시 천치바보 캐릭터. 그렇게 바보짓으로 영구, 맹구는 온 국민을 웃겼던 개그 아이콘이었다.

그 바보들은 모두 위 앞니가 빠진 것이 공통점이었다. 어떻게 분장했는지, 흰 이에 먹칠을 했는지 시커먼 뭘 붙였는지 입만 벌리면 꺼멓게 빠진 자리 때문에 더 배꼽을 잡았다. 남편의 입도 그처럼 볼 때마다 박장대소를 하게 만들었다.

"당신 완전 영구 맹구네요!"

"아버지, 틀림없는 할아버지 영구네요. 하하하 흐흐흐."

본죽을 사 들고 온 아들들조차 눈물 날 만큼 웃음을 터트렸다.

그렇게 웃는 내가 좋은지 남편은 일부러 "조춘호오~." 부르면서 설거지하는 데까지 쫓아와 입속을 드러냈다. 순간 쏟아지는 폭소에 하마터면 그릇을 놓칠 뻔도 했다.

손주 재롱이 있는 것도 아니고 단둘이 살면서 어쩌다 웃을 뿐, 크게 웃을 일이 없었던 집안에 그렇게 크게 웃어대는 것은 어쨌거나 좋은 일이었다.

남편은 농장에 갈 때도 틀니를 빼놓은 채 갔다. 끼고 가라고 권하지만 보는 사람이 없다면서 그냥 갔다. 그렇게 습관이 되다 보니 외출 시에도 깜빡 빼놓기 일쑤였다. 전철을 타려고 역에까지 갔다가도 앗, 틀니! 다시 헐레벌떡 땀 흘리며 집으로 되돌아왔다. 지난 주일엔 교회 예배에도 지각할 뻔했다. 그것조차 웃음거리였다.

요즘은 아예 집을 나서기 전, 내가 "틀니!" 선창하면 "아, 그렇지!" 후창을 한다.

본격적인 농사철이 되었다. 해 뜨기 전 시원할 때 밭에 가서 풀 뽑아야 한다며 남편은 서둘렀다. 나는 과일주스를 만들고 간식과 도시락을 챙겼다. 늦잠꾸러기 아내가 평소보다 두 시간이나 일찍 일어나 부엌일을 하는 것이 미안했던지 이도 없는 잇몸을 씨익 드러내며 말했다.

"고마워. 도시락은 대충해 줘!"

그때 남편의 얼굴은 또 영락없는 영구 맹구. 나는 또 깔깔댔다. 내 웃음에 남편도 활짝 따라 웃었다. 그러다가 갑자기 이상한 소리를 했다.

"나, 이빨 치료 안 할래!"

"…?"

무슨 말인지 몰라 웃음을 그치고 뻥하니 쳐다보았다.

"당신이 아침부터 환하게 웃으니 난 너무 행복해."

"내가 언제는 안 웃었나 뭐."

"아냐. 퉁명스럴 때가 더 많았지 뭘. 이빨 치료 안 하고 매일 웃는 당신 볼 거야."

어이가 없어 나는 픽하고 웃어버렸다.

"에구 뺏뺏하긴! 옛날부터 어른들이 소하고는 못 살아도 여우하고는 산다고 했어."

함께 살아오는 47년 동안 남편이 늘 하던 말이다.

30대 교사 시절 강화도가 고향인 동학년 J교사도 말했었다.

"집사람이 충청도 당진이 고향인데요. 요사바사할 줄을 몰라요. 조 선생님도 보니까 꼭 집사람 같아요."

많은 사람들은 나더러 강직하지만 정도 많고 웃는 인상 때문에 자기들마저 편안해진다고 했다. '헤벌이' 별명이 붙을 정도로 웃음도 인색하지 않은 편이다. 남편도 그렇다고 인정은 한다. 그렇지만 살갑지는 못하다는 것이다.

내 성품이 아무리 진국일지언정 자기의 잘못한 점도 웃으며 포용해 주고 상냥해 보라고 남편은 말하곤 했다. 그러나 그의 말대로 그랬을까? 쉬운 일이 아니었다. 나는 그가 옳지 않다고 생각되면 여우는 고사하고 소 중에도 고집이 세다는 찍소가 되곤 했다.

그러니 그는 언제나 밝게 웃어주는 따뜻한 아내, 살갑고 부드러운 나를 평생 열망했을 것이다. 오죽하면 오복인 치아 치료를 마다하고 시시때때 시근 없이 웃는 내 웃음을 선택하겠다는 것이 아닌가. 나 역시 어느 때는 제철 참배 맛 같이 싹싹한 아내를 둔 남편들은 좋겠다고 생각하며 미안할 때도 있었다.

'여보, 미안해요.'

가슴을 쓸어내린다. 그러나 나는 여전히 뻣뻣한 성품을 고치지 못할 게 뻔하다. 그럴지라도 낯선 강남거리 두리번대며 변함없이 치과에 동행하고 있다.

“살갑기는 평양나막신.”

이 속담처럼 나도 사근사근 살가울 수 있다면 얼마나 금상첨화일까.

# ‘몽매달’ 연휴

어린이날 날씨는 화창했다. 우리 두 식구는 늦은 아침을 먹었다.

“큰애네는 어제 통영에 간다 했는데 카톡에 사진 한 장도 안 올리네.”

연휴라서 올라올 때 길이 막힐까 걱정을 했다. 그러나 남편은 퉁명스럽게 말했다.

“큰애는 우리더러 한 번도 어디 같이 가자고 해 본 적이 없어.”

아닌 게 아니라 큰손자가 열다섯살이나 먹도록 큰아들네와 함께 나들이를 해 본 적이 없다. 십여 년 전 어느 날에는 아들에게 옆구리 찔러 절을 받아 보려고도 했다.

“너 어렸을 적에 할머니, 외할머니, 작은할머니, 심지어 태평동 할머니까지 모시고 다닌 사진을 못 봤나?”

그러나 지금껏 절을 받지 못하였다. 큰아들뿐 아니다. 아들 셋이 모두 집안에서 효자 효부라고 일컫지만 여행만은 제 가족끼리만 했다.

우리 내외는 3형제 어렸을 적 휴가 때마다 부모님들 모시고 구경시켜드리는 걸 기본으로 삼았다. 봄가을에는 민속촌, 대공원, 현충사, 내장사, 여름이면 만리포, 겨울이면 63빌딩 등 철철이 틈내어 다녔다. 할머니들은 손자들을 앞에 세우고 사진을 찍고 이놈 저놈 챙기며 기뻐하셨다. 그런 일들을 아들들이 기억할 법한데 어쩜 그리 부모와 나들이 한번 가자는 말이 없었다. 이해가 안 되었다.

몇 년 전, 난지도 하늘공원을 개장할 무렵이었다. 큰아들네가 우리 집에 왔다가 하늘공원 간다고 저의 식구끼리만 서둘러 나갔다. 우리 부부는 정말 서운했다. 어머니 아버지도 같이 가시자는 빈말조차 없었다. 하긴 빈말이라도 했다면 따라나섰을 것이다.

하늘공원은 아무때나 산책 삼아도 갈 수 있는 가까운 곳이다. 그런데 왜 꼭 아들네랑 함께 가고 싶을까?

"뭘 사줄까? 뭘 먹고 싶어? 저것 갖고 싶어?"

손자 손녀 손 붙잡고 눈에 보이는 것 사주며 알콩달콩 누리는 그 즐거움….

그러나 우리 내외는 그림만 그릴 뿐이었다.

'훗날 저도 늙어지면 이 마음 알게 되겠지.'

그래도 야속한 마음을 지울 수는 없었다. 그렇지만 나는 식탁에서 옹이 박인 남편의 말에 아들을 두둔했다.

"요즘 젊은 애들 다 저희 식구뿐이잖아요."

그러나 남편은 마음이 풀리는 것 같지 않았다.

"아니지. 처가 식구들이랑은 잘 다니는 것 같더라고. 얼마 전 스마트폰에도 어딘가 간 사진이 있더라구."

큰아들네와의 나들이, 어지간히 기대했었나 보다. 퉁명스런 남편의 말에 오히려 내가 조바심이 났다.

"우리는 건강하게 해외여행까지 잘 다니는 사람들이잖아요."

달래듯 말했으나 남편은 아무 말이 없었다.

화제를 둘째 아들네로 돌렸다.

"중리 애비는 오늘도 근무한대요."

둘째네는 유치원생 딸이 둘이다. 아빠 대신 손녀들과 놀아 주면 좋을 것 같았다. 며느리에게 전화했다. 친정에 갔다가 전날 부모님과 함께 올라왔다고 했다.

'사돈어른들께 인사도 드릴 겸 잘되었구나.'

파주에 사는 며느리의 여동생 내외가 부모님을 뵈러 오후에 올지 모른다고 했지만 사돈어른들 계신다니 함께 보면 좋겠다고 생각했다.

사돈어른들 드셔보라고 농장에서 딴 두릅을 챙기고 찹쌀, 삼계탕 재료도 준비했다. 안사돈의 선물도 골라 포장을 했다. 손녀들이 좋아하는 사과 복숭아 다양한 과일 맛 마이쮸를 챙기고 초콜릿도 쇼핑백에 담았다. 커다란 쇼핑백을 채우고 나니 흐뭇했다. 가능하다면 롯데백화점 뽀

로로 열차도 태워 줄 셈이었다. 양손에 무거운 짐 꾸러미를 들고 나섰다.

아들 집은 비어 있었다. 아파트 문을 두들기다가 며느리에게 전화를 걸었다. 받지 않았다. 몇 차례 더 걸었으나 마찬가지였다. 당연히 집에 식구들이 있으려니 하고 전화를 하지 않고 온 내 잘못도 있지만 왈칵 서러움이 솟았다. 그래도 문 앞에서 한참 서성거리며 기다려보았지만 헛수고였다.

'이 꼴이 뭐람.'

집에 돌아와서 쇼핑백을 식탁 위에 탁 내려놓았다. 힘이 쏘옥 빠져나갔다.

저녁때가 되었다. 남편은 그래도 셋째 아들 며느리라도 보고 싶은지 혼잣말을 했다.

"막내도 오늘 쉴 텐데, 걔들도 전화 한 꼭지가 없네."

나도 은근히 전화를 기다리고 있었다. 셋째 아들 처가댁은 온 가족이 모여 가끔 맛집을 찾는다는 말을 들었다. 휴일이니 그럴 것 같았다. 일부러 큰 소리로 말했다.

"저희들 생활이 있으니 기대하지 않는 게 좋아요."

"맞네요, 맞아! 당신 말이 정답이오."

맞장구를 치면서도 두 식구 사는 집안의 저녁 공기는 적막하기만 했다.

요즘 자녀 성별을 메달에 비유한 풍자가 두루 돌고 있다. 딸 둘에 아들 하나면 금메달, 딸 둘이면 은메달, 아들 딸 각 하나씩이면 동메달,

아들만 둘이면 목메달이란다. 그런데 아들만 셋 이상인 사람은 목메달도 못되고 무지몽매 하다고 몽매달이라나.

그냥 우스갯말은 아닌 것 같다. 딸을 둔 부모 비행기 타고, 아들 둔 부모 도라꾸(트럭) 탄다고도 한다. 며칠 전 TV '아침마당'에서 진행자는 딸이 넷이라는 출연자에게 힘주어 말했다.

"아, 딸 많은 집이 진짜 부잣집이죠!"

어떤 결혼 주례자는 딸을 떠나보내는 게 아니고 사위를 데려오는 거라고 했다. 요즘 세상이 그렇다고 대부분 고개를 주억거린다. 그러나 딸만 낳은 여자는 기를 펴지 못하던 시대도 있었다. 대를 잇지 못하니 칠거지악 감이었다. 그러나 언제부터인가 풍조가 변하고 이 떠도는 말이 현실이 되고 있는 것 같다.

"너도 막내 하나만이라도 딸이 되었어야 하는데, 아들만 셋이라니……."

친정어머니 살아계실 적 딸이 안타까워 쯧쯧거리셨던 것처럼 몽매달감은 이렇게 허탈한 연휴를 보냈다.

'나도 우리 시부모님께 이런 마음 드렸겠지….'

"난들 우리 시어머님께 이런 마음 안 드렸겠나."

# 열두 살 일기에는

코로나로 인해 집 안에 있는 시간이 많아졌다. 마음먹고 책장 정리를 시작했다. 우리 집에는 책장이 여러 개 있다. 대부분 버려도 될 책을 무겁게 끌어안고 있다.

그중 하나는 유리문이 달려있다. 거기에는 6 · 25 휴전 이듬해 입학한 팔봉국민학교 1학년부터 밀레니엄 전 서강대학원 졸업까지 19년간 공부한 내 교과서와 공책들이 꽂혀 있다. 나의 학창 역사박물관인 셈이다.

초중고 시절 것은 어머니가 벽장에 정성껏 보관했다가 결혼 후 집을 떠날 때 상자에 차곡차곡 담아 주신 것이고, 대학 후에는 내가 고르고 골라 몇 권씩 남긴 것이다. 모두 귀하게 여기긴 했지만 이사가 잦다 보니 짐이 되었다. 용기 내어 과감하게 버리기도 했다.

그래도 지금까지 잘 보존된 것은 초등학교 국어, 셈본, 도의생활 등

주로 저학년 책과 1cm 정사각형 깍두기 공책이다. "바둑아, 바둑아 이리와. 달달 무슨 달." 공책을 아끼느라 그랬는지 띄어쓰기를 전혀 안 했지만 1학년치고 잘 쓴 글씨다. 그리고 2학년부터 꼬박꼬박 쓴 일기장이 많다. 대나무로 집게 파일을 만들어 묶은 얇은 16절 도화지 스케치북도 너덜너덜한 채 한 권은 그대로 남아있다.

이것들 중 가족들이 가장 호기심을 갖는 것은 일기장이다.

수년 전 막내아들이 단기 4289년 3학년 일기를 읽어 보았다면서 한심스러운 듯 말했다.

"엄마. 공부 잘했다더니 거짓말이유."

"왜?"

"세상에! 맨날 똑같아요. 아침 먹고 학교 가서 공부하고 친구들과 고무줄을 했다. 재미있었다. 집에 와서 보리 이삭을 줍다가 아기를 보았다. 저녁 먹고 숙제하고 잤다. 3학년이 그런 일기가 어딨어요?"

도대체가 수준 미달이라는 뜻이었다.

"그래도 맞춤법 하나 틀린 곳 있는지 찾아봐라."

국어 맞춤법으로 말 막음 했지만 실은 나도 그 일기를 읽고 혼자 부끄럽게 웃음 지을 때가 있었다. 그러나 당시 시골에서 책이라고는 교과서뿐, 동화책 만화책이란 이름도 몰랐으니 독서 없이 어떻게 감성적인 표현법을 배울 수 있었을까.

책장을 정리하다 보니 유리 책장 안에는 숨어있는 일기들이 꽤 있었다. 기억에 없는 6학년 때 쓴 일기장도 나타났다. 바스러질 것 같이 누렇게 바랜 국판 크기 세 권이 실로 묶여 있었다. 딸의 것이라면 어느 것 하나 버리지 않고 소중하게 묶어서 보관하신 어머니 솜씨였다. 얇은 백노지라서 바늘로도 쉽게 묶어 놓으셨던 것 같다.

올해로 62년 진갑을 맞은 일기. 그 속에는 어떤 일상이 담겨 있을까? 시간 내어 읽어 보려고 따로 소파 위에 올려놓았다.

그런데 남편이 보고는 반색하며 먼저 집어들었다. 내놓으라고 했지만 힘센 손을 이기지 못하고 빼앗기고 말았다. 되레 남편은 실실거리며 좋아했다. 마치 아내의 비밀문서라도 얻은 듯.

그날 밤 나의 일기를 세세하게 읽었나 보았다. 이튿날, 빈정대는 투로 아들하고 똑같은 말을 했다.

"6학년 1등짜리 일기 같지 않아아~. 3,4학년 정도?"

어떻게 썼는지 모르지만 무척 창피스러웠다. 그러나 그는 일기에 나의 어릴 적 성격이 잘 나타나서 50여 년 함께 살아온 지금의 내 모습과 비교해 보는 게 너무 재미있다고 했다. 그러더니 대단한 걸 발견이나 한 양 또 말했다.

"당신 어렸을 때는 공부보다 친구를 더 좋아했더구먼."

그 말은 어머니로부터 무수히 듣던 말이라 별로 신기하지도 않았다.

"왜요! 뭘 봤길래?"

"아냐, 엄청 자유분방하게 노는 데 팔렸어."

정말 친구들과 노는 데 팔렸던 건 사실이었다.

우리 집은 팔봉국민학교와 300m 거리에 있었다. 집과 학교는 양길리 한 동네였다. 그러나 호리, 흑석리, 금학리 학구는 4km가 족히 넘었다. 나는 그 먼 곳에서 다니는 친구들을 곧잘 우리 집에 데리고 왔다. 어머니는 그 친구들을 반갑게 맞아주셨다. 성의껏 밥상을 차리고 농촌에서 흔치 않은 간식까지 챙겨주셨다. 그렇게 먹고 놀다가 함께 자고 이튿날 어깨동무하여 학교에 가는 일은 나의 즐거움이었다. 물론 나도 십 리 밖 그 친구들 집에 따라가 놀고 자기도 했다.

더구나 동네 친구들과는 말할 것도 없었다. 매일 밤늦도록 학교 운동장에서 함께 놀았다. 잘 시간이라며 집에서 데리러 오면 그게 그리 싫고 아쉬웠다.

어머니는 내 위로 다섯을 낳았다. 첫아이 때 할아버지가 돌팔이로부터 지어주신 한약은 부작용이 있었다. 젖줄이 막히는 것이었다. 산모가 젖이 전혀 돌지 않으니 돌도 되기 전 다섯은 영양실조로 모두 땅에 묻혀야 했다.

이제 여섯 번째로 내가 태어났다. 낳아봤자 내리 족족 잃었으니 여섯째도 또 죽는 것은 당연한 사실로 여겼다. 살아 줄 것이란 생각은 거품 같은 소망이었기에 이름도 안 짓고 '불출不出이'라고만 불렀다고 했다.

그런데 이웃 친구들의 동냥젖 덕분이었을까 영락없이 죽으려니 했던 내가 한 살 먹고 두 살, 세 살…. 살아주는 것이었다. 다섯을 송두리째 가슴에 묻은 어머니에겐 믿지 못할 꿈같은 일이었다. 그때부터 응어리 삶이 풀리며 막내딸이자 큰딸이며 외동딸인 나는 어머니 활력의 원기소가 되었다.

"네가 자라면서 어느덧 가슴애피까지 다 사라졌더구나."

그렇게 살아 준 딸이 일곱 살 되어 학교까지 들어갔다. 학습장이고 책이고 소중하지 않은 게 없었다. 거기다가 친구들과 신나게 어울려 놀아주니 그걸 바라보는 어머니의 마음은 얼마나 큰 기쁨이셨을까. 그러니 딸의 어린 친구들도 극진하게 대접하셨을 것이고, 나는 그저 의기양양하여 친구들과 노는 데 팔렸다.

'남편이 읽은 일기에는 그런 내용이 적혀 있는 걸까?'

분명히 6학년 나의 열두 살 일기에는 친구들과의 일상 이야기가 주를 이뤘을 것 같다.

아득하게 멀어진 유년의 친구들 62년 전 그 시절이 그립다. 아무나 갖지 못한 보물 일기를 남겨주신 나의 어머니! 그 애지중지 사랑 덕분에 나는 빛바랜 일기 속에서 어릴 적 친구들을 다시 만나 놀아 볼 수 있을 것이다.

순예야, 진희야, 동금아, 상숙아, 순월아, 상선아, 동월아! 이름 부르며.

# 여자들은 그런 거 아녜요

어릴 적 내 별명은 '왜쟁반'이었다.

"우리 춘호는 왜쟁반, 헤벌이야. 호호호."

할머니가 말씀하셨던 기억이 또렷하다. 일본 쟁반처럼 크고 둥근 얼굴에다 벙글벙글 웃기까지 잘해서 붙은 별명이었다.

사람들은 두상이 커서 머리가 좋다고 하였다. 그래선지 초등학교 입학 후 내 학교 성적표에는 늘 1등이라고 씌어 있었다. 큰 얼굴에 박힌 눈코입이 과히 밉잖게 생겼고 쌍까풀 눈에다 눈썹까지도 숱이 많고 까맸다. 거기에 어머니의 흰 피부를 유전으로 받았다.

"춘호 눈썹에는 호랭이가 새끼 치겄다. 그런데다 살성은 또 백옥이여."

동네 P 할머니는 나를 볼 때마다 칭찬했다. 그뿐 아니고 귀와 코엔 밥이 붙었다 했다. 그래서인지 어렸을 때부터 '달덩이같이 예쁘다.' 소리를 심심찮게 들었다. 그러니 내가 예쁜 줄만 알았지, 두상이 큰 것을 그리 큰 흠결로 여기지 않았다. 그런데 점점 나이가 들면서 큰 머리가 좋은 것만 아니라는 걸 알게 되었다. 운동회 때 꼭 써야 하는 모자를 고를 때도 쉽지 않았다.

"어, 이것도 안 맞네. 얘들아, 어디 큰 것 좀 있나 찾아줘 봐."

"넌 왜 그렇게 머리가 크니?"

"우리 조씨 가문은 머리가 다 커!"

유전을 핑계 삼았지만 그 말은 사실이었다. 동생은 물론 숙부, 사촌들 두상도 큰 편이다. 그래서인지 큰 얼굴이 당연한 듯 주눅들어 본 적은 없었다.

심지어 초등학교 6학년 때는 어린이 잡지 표지에 둥글넓적 예쁘게 생긴 여학생 모델 사진을 보면서 '나도 서울에 살았더라면, 모델 한번 해본다 하잖았을까?' 거울을 이리저리 보며 혼자 자만을 떨어본 적도 있었다.

그 후 여학교, 교육대학을 거쳐 교단에 섰을 때도, 정년퇴직한 이 나이에도 '인물 없다.'란 말은 들어본 적이 없다. 오히려 잠이 많은 나에게 "미인은 잠이 많대요." 은근히 추켜세워 주는 말도 듣곤 했다. 그러다 보니 큰 얼굴이 화두가 되면 나는 넉살스럽게 우스갯소리를 한다.

"나는 그대들보다 화장품이 두 배로 들어요. 마스크 시트 팩? 얼굴을 반만 덮다 말지."

그러면 모두 깔깔대긴 했지만 얼굴 크다고 상처 주는 사람은 없었다. 그런데 하필 그 상처를 주는 사람이….

나는 생애 처음이자, 마지막 단 한 번의 연애를 하고 결혼했다. 눈에 콩깍지가 끼어서인지 몰라도 남편은 그 시절 톱 탤런트였던 하희라, 채시라보다 내가 더 예쁘다고 했다. 45년이 지난 지금에도 세 며느리에게 그런 말을 한다. 그런 그가 나이 60 중반에 들면서부터 이상한 말을 했다.

"당신 입이 왜 그렇게 작아? 입이 너무 작아서 우스워…."

처음 듣는 말이었다. 그냥 남편을 빤히 쳐다보았다.

'정말 그런가?'

화장대 앞에서 입을 딱 물고 뚫어지게 쳐다보았다. 어? 꽉 다문 입은 그의 말대로 큰 얼굴에 비해 좀 작은 것 같기도 했다. 다시 입을 째지도록 크게 벌려 보았다. 눈밑에 주름 잡힐 정도로 더, 더 크게 벌렸다. '흥, 이렇게 큰 입을 작다고? 절대로 작은 건 아니야!' 심지어는 혼자 탄 엘리베이터 거울 앞에서도 입을 키웠다. 그러다 다시 오므리며 음악 시간 발성 연습하듯이 '아~이~우~에~오.'를 반복했다. 정말 가관이었다. 하지만 결국은 생긴 그대로!

'내가 이렇게 비정상이란 말인가.'

마음에 해결해야 할 짐을 진 것 같았으나 도리가 없었다.

"입이 왜 그렇게 작아, 작아…, 우스워, 우스워…." 몇 달이 지나도록 귓가를 맴돌았다. 그러나 시간이 흐르며 서서히 사라졌다.

그런데 또 어느 날이다. 식사를 마치고 식탁에 마주앉아 대화할 때였다. 갑자기 내 얼굴을 바짝 쳐다보며 처음 발견했다는 듯이 말했다.

"당신 얼굴이 고모네 언니와 영락없이 닮았네."

내게는 고모 한 분이 계셨다. 고모 역시 조씨라서인지 유전으로 두상 큰 딸을 낳으셨다. 그 언니는 얼굴만 큰 게 아니고 키마저 작고 뚱뚱했다. 펑퍼짐한 얼굴에는 항상 웃음이 넘쳐흘러 모두가 좋아했지만 누가 봐도 예쁘게 생겼다고는 생각이 들지 않았다. 그런데 그 언니와 영락없이 닮았다는 것이다.

"그래서 어쩌라구요? 닮았으면 어쩌라구우!"

"그냥 그렇다는 얘기야. 그런데 똑 닮았어."

남편은 천연덕스럽게 한 번 더 강조하기까지 했다. 너무 큰 내 얼굴이 밉고 보기 싫어졌다는 뜻이 틀림없었다. 도대체 하희라, 채시라는 어디로 갔는지…. 그 후로도 몇 번인가 '고모네 언니와 똑같다.'를 반복하던 남편은 내 가슴에 또 하나 옹이만 박아 주고 제풀에 시들해졌다. 나 역시 응크지근하게 괴롭히던 불쾌감이 큰 얼굴에 작은 입을 말했던 그때처럼 세월이 약이라고 한풀 꺾여지고 있었다.

그 후 한동안 지난 어느 날이다. 소파에 앉아 TV를 보며 주전부리를 하고 있을 때였다.

"당신 똥배가 장난이 아니야!"

나는 발끈해서 대뜸 쏘아붙였다.

"어디서 날씬녀만 보고 살았어요? 장난이 아니면 날더러 어쩌라고!"

내 나이에 이만하면 과히 비만도 아니고 날씬한 친구들과 비교해도 과체중 정도로 괜찮다고 여기고 있는데 장난이 아닌 몸매라니! 장난 아니라고? 나이답지 않게 쓰는 속어도 거슬렸다. 밉다고 하는데 기분 좋을 여자가 세상에 어디 있나.

그래도 그는 내 불룩하게 나온 배를 쳐다보며 고개를 좌우로 흔들다가 예상 밖의 내 반응에 놀랐는지 달래듯 말했다.

"운동을 하지 않아 그래. 당신 생활 스타일을 고쳐봐."

원래 운동하고는 담을 쌓고 지내는 터에다 운동할 시간 있으면 잠을 자겠다는 주의여서 반박은 못 했다. 그렇지만 상한 자존심에 다시 쏘아붙였다.

"정말로 뚱뚱한 사람 보면 기절하겠네."

20년 전 동료 교사가 떠올랐다. 그녀는 커피 타임 때 울먹이며 남편이 자신더러 뚱뚱하다 했다고 하소연했다. '뭘 그런 걸 가지고 저러나……?' 의아했었는데 이제는 내가 그 꼴이 되었다.

남녀가 처음 사랑할 때는 곰보 흉터가 사랑의 옹달샘이요, 다래끼마저 진주알로 보인다고 하잖나. 이 사람 눈에도 처음에는 하희라 채시라보다 예쁘게 보이던 내가 강산이 네 번 바뀌고 다섯 번 바뀌는 세월을 살다 보니 초심을 잃어버린 게 분명했다. 찬송가 가사에도 있듯 '사랑 없는 연고', 그 때문일 수도 있을 것이다. 그런데 그게 어찌 우리 부부뿐

일까. 어느 부부든 대개가 그럴 거라며 마음을 추슬렀다. 그렇지만 내 상한 마음은 여전히 치유되지 않았다.

'아무리 못생겨도 그렇지, 이렇게 기를 죽여도 되는 거야?'

서서히 잊혀가던 가슴에 박인 옹이의 아픔이 다시 용수철이 되어 툭 툭 튀었다.

얼마 전 읽은 '아내가 우는 이유'를 모르겠다는 김인기 씨의 수필 중 한 대목도 생각났다.

**제 콧대가 낮다는 아내의 불만에도 나는 칭찬했다.**

**"그대 얼굴에는 그 코가 가장 잘 어울립니다."**

**얼굴에 기미나 주근깨가 낀다는 불평에도 칭찬했다.**

**"갓바위 부처님을 생각해보세요."**

그런 소리 듣고 우는 아내에게 우는 이유를 모르겠다는 벽창호 같은 남편이 따로 없구나라는 생각에 며칠 동안 뿌루퉁하고 지냈다. 그런 날 보며 마음이 편치 않은가 보았다.

"별것도 아닌 걸 가지고 왜 그래. 그냥 흘려 넘겨 버려!"

"별것 아니라고요? 그럼 뭐가 별건데요?"

그러고 있는 터에 큰아들이 식구를 데리고 주말에 왔다. 아들 셋 중 유독 날 닮아 두상이 크고 넓적한 얼굴에다 배까지 나온 큰아들. 다짜고짜 큰 소리로 외쳤다.

"야, 큰애야, 사람들이 네 얼굴 크다고! 배불뚝이라고 그러지? 나 닮아 그렇다고 하지?"

어리벙벙하는 아들에게 나는 아군이나 만난 듯 남편에게서 상처받은 말을 좔좔 읊어 내렸다.

"아이구, 엄마! 아버지하고 한두 해 사셨어요? 45년이나 사셨으면서 참."

오히려 엄마가 문제라는 듯 말하자, 남편은 때를 만난 듯 "그게 말이다." 하며 말을 이으려 하였다. 그러나 아버지의 변명 역시 들으려 하지 않았다.

"아버지도 잘하신 건 아니네요."

이때 며느리가 조심스럽게 한마디 거들었다.

"아버님, 여자들은 그런 거 아녜요. 저 같아도 기분 나빴겠어요."

"……?"

"저도 저번에 잘못 나와 싫은 제 사진을 아범이 카톡에 올려서 화가 났었어요."

그 말이 내겐 다소나마 시원했다. 그러나 시아버지는 며느리 말을 이해하지 못하는 눈빛으로 갸우뚱하더니 허허 웃기만 했다.

지금 생각해보면 그토록 화내고 기죽을 일은 아닐 수도 있었는데 그게 왜 그렇게 되지 않았는지 모르겠다. 그런데 아니야, "여자들은 그런

거 아녜요." 며느리 말처럼 다음에라도 또 그럴 것이다.

언젠가 영국의 83세 할머니가 "나도 여자다."라며 콧대를 높이고 가슴을 성형했다는 사실이 세계적인 화제가 된 적이 있었다. 요즘 우리나라 성형외과 의사들도 노인정의 할머니들을 찾아간다는 말이 새삼스러울 것도 없이 주억거려진다. 이렇듯 미의 추구는 노소 불문, 동서고금 여자의 DNA다. 그러니 다음에라도 또 그럴 수 있음이 당연지사 아닐까?

애초에 조물주는 남녀 인간을 달리 만드셨다. 그래서 원래, 여자들은 그런 게 아니다.

3부

# 작은 부끄러움

# 야매 머리 집만 안 갔더라면

초등학교 시절, 학교 밑 가게에는 이발소가 붙어있었다. 높은 나무 의자 한 개 달랑 있는 이발소였다. 그 의자에 올라가 고개를 숙이면 퉁소를 잘 불던 이발사 아저씨는 사각사각 상고머리로 잘라주었다. 가죽벨트에 칼을 상하로 착착 갈아 비누 거품을 목 뒤에 바른 다음 면도도 깔끔하게 해주었다. 층층 내는 '상고머리'는 이발료가 단발보다 비쌌지만 어머니는 그렇게 깎도록 시켰다. 그런데 하루는 상고를 얼마나 높이 쳤는지 너무 미웠다. 그러나 이미 잘려나간 머리를 붙일 수는 없는 일. 예쁘라고 상고 친 건데 울고 싶을 만큼 속상했다. 맘에 안 든다고 아저씨에게 징징댔다. 괜찮은데 그런다고 오히려 꾸중만 들었다. 그게 내 상고머리 마지막이었다.

중학교에 입학해서는 단발을 했다. 미장원은 하숙집에서 한참 걸어

읍내 시장터에 가야 있었다. 하숙집 아줌마는 동네 야매 집도 잘 자른다며 그 집으로 가라고 했다. 함께 하숙하는 친구와 둘이 아줌마가 가르쳐 준 그 집 마루에 앉아서 보자기를 두르고 봄여름 동안 몇 번을 깎았다.

가을 햇볕이 따사한 개천절 휴일이었다. 그날은 나 혼자 흥얼거리면서 갔다. 사립문 밖에서 보니 인기척이 없는 것 같았다.

'아줌마가 안 계시나?'

그래도 들어가 부르면 방에서 나오겠지 생각하며 머뭇거리다 빼꼼하게 열린 사립문을 밀었다. 들어서는 순간 이게 웬일인가. 갑자기 안마당 구석에서 개 한 마리가 컹컹 한 번 짖더니 내 앞으로 재빠르게 달려들었다. 너무 놀라서 뭐가 뭔지 혼 줄이 빠져 피할 겨를도 없이 당황하고 있을 때 그 놈은 다짜고짜 스커트 아래 내 왼쪽 장딴지 맨살을 물어버렸다.

나는 발을 동동 구르며 '으앙! 으앙!' 울부짖었다.

겨우 새끼 꼴을 면한 작은 똥개였다. 불도그같이 생겼더라면 졸도했을지도 몰랐다. 그렇게 아찔한 공포의 한마당이 연출되었건만 꽉 닫힌 방문 두 개는 그대로 닫힌 채 아무 인기척이 없었다. 충성스럽게 집 지키는 개를 믿었는지 주인 야매 아줌마는 집안을 그 놈한테 맡겨놓고 문도 안 잠근 채 외출했나 보았다. 원망스러웠다.

그 꼴을 당하고 눈물을 손등으로 훔치며 사립문을 나왔다. 감시견 역할을 다했다고 생각하는지 바깥으로 쫓아 나오지는 않았다. 전에는 있는 둥 없는 둥 대수롭게 여기지 않았던 쪼그만 똥개. 그런 놈이 주인 없다고 그리도 포악한 충견 노릇을 했다.

지금도 생각해 보면 아무리 심장 튼튼한 장정일지라도 그 순간 그 상황에는 대처를 못 했을 것 같다. 물린 다리를 절뚝이며 서럽게 흐느끼면서 집으로 돌아왔다. 손에 이발료는 꼭 쥔 채.

하숙집 아줌마는 그나마 깊이 물리지 않은 게 다행이라고 장딴지를 호호 불어 주며 안타까워하셨다. 크게 틀을 잡지 않아 약도 사 바르지 않고 며칠 동안 불그스름한 흉터만 달고 학교에 다녔다. 1960년, 중학교 1학년 13세 때의 일이었다.

그로부터 30여 년이 지나니 주변에 흔하던 똥개를 별로 볼 수 없게 되었다. 대신 애완용이라 해서 종류도 다양한 개들이 별별 치장을 다하고 거리에 등장했다.

너도 나도 자기 애완견을 자랑했다. 그런데 이제는 애완견이 아니고 짝반伴, 짝려侶를 써서 반려견이라고 그런다. 호칭이야 어떠하든 그들을 귀여운 어린애처럼 품에 안고 동행하며 반려 삼아 걷는 사람들을 무수히 볼 수 있게 되었다. 심지어는 허리 구부정한 머리 허연 할아버지가 당신 몸집보다 더 큰 점박이 개를 제왕처럼 유모차에 앉혀서 밀고 가는 것도 보았다.

며칠 전, 수원에서 이사 온 Y는 지역마다 다른지 고양시에는 웬 개가 그리도 많으냐며 하루 외출했다 하면 적어도 50마리 이상 보는 것 같다고 놀라워했다.

2017년 한국농촌경제연구원 자료에 따르면 전국의 반려인은 약 1,481만 명이란다. 그렇게 많은 사람이 반려견이든 도우미견이든 먹이고 씻기며 개에게 애정을 쏟는다.

교육청에 근무할 때였다. 직원 조회 시간, 앞에 앉은 윗분 얼굴빛이 말이 아니었다. 누군가가 어디 편찮으시냐고 물을 정도였다. 의외의 대답이었다.

"식구가 어제 저녁에 죽었어요."

모두 눈을 크게 떴다. 개가 죽은 것이었다. 그날, 그분은 결재조차 서럽게 하는 것 같았다. 아마 추모하며 가족장으로 견공장례식을 잘 치러줬을 것이다. 그렇게 시어미보다 개가 우선순위라고 풍자가 떠돌듯 이제 개의 호강은 보편화가 된 것 같다.

어느 겨울날, 그렇게 개를 호강시키는 친구를 만났다. 불룩 품고 있던 코트를 양옆으로 젖히며 개 자랑을 했다.

"아유, 선생하며 할 일이 없어서 개를 호강시키냐?"

아들만 셋 둔 그 친구는 단호하게 말했다.

"얘는, 퇴근하면 제일 반겨주는 게 누군 줄 아니? 사람과 달라. 사랑 주는 만큼 배신을 절대 안 하는 게 개야."

한 마리 키워보면 안다고 찬탄을 해댔다.

"너도 아들만 셋이지? 키워봐!"

그래, 난들 그 정서에 공감할 수 있으면 오죽이나 좋으랴.

개에게 물린 후 나는 개가 내 옆에 가까이 온다는 것은 꿈도 꿔 본 적이 없다.

길가다가도 어떤 개든 내게 가까이 있는 걸 알면 무의식 중에 소스라치게 놀란다. 살살 눈치 보며 멀리멀리 피한다. 뛰어 피하면 그놈도 급히 쫓아올 것만 같아서 그런다. 하다못해 줄에 묶인 아주 작은 애완견일지라도 공포감이 확 솟는다. 그걸 느낀 주인은 대부분 묶은 줄을 끌어당긴다. 그래도 내게 와서 물 것만 같다. 오죽하면 졸랑거리는 개뿐 아니고 태연한 모습으로 줄 잡은 사람까지 미워질 정도다.

아무튼 열세 살 똥개와의 악연, 그 트라우마가 60년 지난 지금까지도 여전한 이유다. 요즘은 어쩌다 생각해 볼 때가 있다.

'아매 머리 집만 안 갔더라면 나도 남들처럼 개 줄 하나 사보지 않았을까.'

# 라디오만 있었어도

인사철이 되어 경기도교육청 홈페이지를 들어가 보았다. 잘 아는 파주 교사가 성남시로 교감 발령이 났다. 대뜸 출퇴근이 멀어서 어쩌나 염려가 되었다. 축하 겸 걱정스런 전화를 했다. 그런데 이미 3년 전 양재동으로 이사를 했다고 했다. 3년간이나 교통체증을 감수하며 강남에서 경기북부 끝까지 원거리 통근을 한 이유는 주변 사람들의 부러움을 샀던 Y의대생 아들 때문이었다. 고등학교 때 소위 SKY대입을 목표로 교육1번지라는 강남 학원 공부를 시키기 위해서 이주를 선택했다는 것이다.

"현대판 맹모삼천지교孟母三遷之敎였네."

우린 웃었다. 그녀는 별수 없었다고 했다.

불현듯 중학 입시를 앞두었던 초등학교 6학년 시절이 떠올랐다. 서산에서도 깡 시골 팔봉초등학교 6학년 3반 우리 반은 여자 반이었다. 중학교 진학은 거의 꿈도 꿀 수 없던 가난한 농촌이었으나 그래도 4명이 중학교에 진학한다고 했다. 서산군에서 오직 하나 서산읍내에 있는 서산여중은 정원 미달로 소문이 나 있었다. 그래서 불합격 걱정이 없는 우리는 정규 교과시간 외에 특별히 입시준비를 위한 보충학습시간이 전혀 없었다. 매일매일 그날이 그날로 태평세월 6학년을 보냈다.

어느 날, J가 교과서보다 몇 배 두꺼운 책 한 권을 학교에 가지고 왔다. 모두 고개를 들이대며 생전 처음 보는 책 구경을 했다. 대학생 오빠가 사다준 책이라고 자랑스럽게 보여주었다. 겉장엔 '중학입시문제'라고 크게 쓰여 있었다.

당시 J 집은 학교 밑에서 가게를 하고 있었다. 학용품과 생활필수품을 팔았다. 농사만 짓는 집보다는 형편이 좋기도 하고, 부모님의 교육열이 높았던지 면내에서도 보기 드물게 외지로 대학을 보냈다. 그 오빠가 여동생에게 중학교 입시문제집을 사다 준 것이었다. 우리는 이런 책도 있나 신기해했다. 내용을 보니 학교 시험지처럼 사지선다형 문제로 괄호 안에 답을 달게 되어 있었다.

"야, 우리 풀어보자!"

J 책상으로 중학교에 간다는 네 명이 모여들었다. 머리를 맞댄 채 국어 산수 한 장씩 풀어가다가 자연과목을 넘겼다. 그런데 이상한 문제가 나왔다. 꽉 막혔다.

"축농증이란 어디에 생기는 병인가?" (1) 눈 (2) 코 (3) 입 (4) 귀에서 답을 선택해야 했다.

"어, 이거 뭐지?"

이게 무슨 소리냐고 서로 얼굴을 보며 중얼거렸다. 교과서에 나오지 않은 내용이니 눈을 끔벅이며 생각해도 아무도 알지 못했다.

우리가 알고 있는 병은 배 아플 때 "울 애기 배는 똥배, 할미 손은 약손"이라며 할머니가 배를 쓰다듬거나 익모초를 삶아 먹이던 배앓이가 있었고, 눈이 빨갛고 눈곱 끼면 눈병, 골치가 아프면 그저 이마에 허리끈을 질끈 동여맸던 두통이 있었다. 그러나 두통이란 말도 몰랐다. 그리고 피부에 부스럼이 나거나 곪으면 쇠비름 뿌리를 짓이겨 바르고 누런 고름을 빼내던 꼬마지 정도가 병이었다. 기껏해야 병 이름을 알고 있는 것은 '감기', 고뿔이었다. 그런데 축농증이라니.

그냥 괄호 안에 '(1)'을 써넣자고 의견을 모았다. 나중에 답안지를 보면서 우리는 고개를 끄덕거렸다. 누군가 말했다.

"눈병이 아니구나. 코찡찡이가 축농증인가 봐."

그런 실력으로 우리는 서산여중에 가서 입학시험을 치렀다. 한 명도 낙방하지 않고 모두 합격했다. 입학해서 보니 서산읍내 아이들이 입학시험 1, 2, 3등을 줄줄이 했다. 팔봉에서 공부깨나 한다던 나는 좀 머쓱해지는 것 같았으나 스스로 팔봉촌놈을 인정하고 있어서 그런가보다 했다.

읍내 아이들은 입시 과외공부를 엄청나게 했다고 했다.

"입시공부는 어떻게 하는 건데?"

한 아이가 한심한지 과외공부하던 책을 가져와 본다고 했다. 이튿날 막상 가져온 책은 J의 '중학입시문제집'과 비슷한 책이었다. 얼마나 풀고 또 풀었는지 너덜너덜해져 있었다. 그 입시문제집만이 아니고 학교에서는 수련장, 전과 등을 달달 외게 시켰다고 했다.

"전과? 수련장? 그건 또 무슨 책인데?"

아이들은 그것도 모르냐며 어이없다고 깔깔댔다. 출발이 다른 세상의 아이들이었다.

그렇게 4월에 입학한 중학교 1학년, 얼마 지나자 반장선거가 있었다.

나와 같이 1학년 2반으로 배정된 팔봉친구 두 명은 초등학교 때 생각을 해서인지 나를 반장 후보로 추천했다. 그러나 보기좋게 떨어졌다. 아이들은 입시성적 2등인 같은 읍내 출신 L에게 무더기 표를 주었다. 그들에겐 키도 작아 맨 앞에 앉은 시골아이. 그렇다고 입학성적이 몇 등인지도 모르는 아이가 반장으로 추천되다니 가당찮고 가소로웠을 것이다. 나 또한 당연한 낙방이라서 자존심도 상하지 않았다.

4월 말이 되자 월말 고사라는 것이 있었다. 어려운 문제가 없었다. 그런데 문제 아닌 문제가 나왔다. 사회과목에서 뜬금없이 교과서에도 없는 독일 총리 이름을 ( ) 안에 쓰라는 것이다. 답답했다.

'미국대통령 아이젠하워는 아는데 서독총리…?'

아무리 생각해 보았자 알 수가 없어서 하얀 빈칸으로 놔두었다. 그런 적이 없던 내 가슴은 까맣게 타들어갔다. 시험이 끝나고 반장에게 물었다. 그것도 문제냐는 듯 대수롭잖게 대답했다.

"아데나워."

"넌 어떻게 알았어?"

"라디오, 뉴스에서 많이 나오잖아."

팔봉 우리 집에는 라디오가 없었다. 물론 읍내 하숙집에도 없었다. 라디오라는 걸 구경조차 쉽지 않던 나는 교과서에 나오지 않는 아데나워 총리를 알 턱이 없었다.

당시 서산여중은 월말고사 평균 90점 이상 학생에게 운동장 조회 시 시상하는 제도가 있었다. 반에서 서너 명 정도 된다고 했다. 드디어 첫 시험 후 그날이 왔다.

"1학년 2반 조춘호!"

호명 소리에 씩씩하게 뛰어 나갔다. 상賞자 찍힌 공책을 받았다. 담임 선생님은 내가 1학년 전체에서 2등을 했다고 했다. 1등과는 평균 소수점 차이였다.

'에구, 라디오만 있었어도….'

돌이켜 보면 '아데나워' 허방 답안지나 입시문제집을 가지고 공부했던 읍내 아이들과 나는 엄청난 도농격차의 현실 그 자체였다.

그러나 오늘날은 전국적으로 학교 교육환경도 평준화가 되었고 섬에서도 인터넷으로 공부한다. 농촌도 집집마다 갖출 것 다 갖춰 놓고 문화생활을 한다.

도농 간 지역 간 교육문화에 큰 간극이 없다니 얼마나 좋은 일인가. 아마 60년 전 나처럼 교과서에 없는 문제라고 답을 풀지 못하는 학생은 없을 것이다.

그런데 아직도 청문회를 보면 강남 8학군 위장전입이 단골 메뉴다. 파주 교사도 마중지봉麻中之蓬 강남삼밭으로 아들을 보냈더니 꿈이 달라져 Y의대를 갔다고 했다.

그래서 우리 옛 어른들도 사람은 태어나면 서울로 보내고 말은 제주도로 보내라고 했던 것이었을까.

# 그날 밤 담박질

1963년 고1 때였다. 주말에 집에 갔을 때 팔봉감리교회 목사님으로부터 서산감리교회에서 부흥회가 있다는 소식을 들었다. 유명 부흥강사님이 인도한다고 했다. 당시 교회에서는 추수가 끝난 늦가을이나 겨울에 으레 1년에 한두 차례씩 부흥회가 있곤 했다. 전단지나 벽보를 통해서 알 수 있는 때가 아니었지만 알음알음 사람들이 많이 모였고 교회 부흥과 개인의 신앙 성장에 큰 역할을 하던 행사였다. 팔봉교회의 모교회인 서산읍내교회 부흥회! 꼭 참석하고 싶었다.

그때 나는 학교기숙사 4명의 방장房長이었다. 한 방 식구 중, Y는 중3이었지만 나보다 키가 컸다. 그러나 언니, 언니 하며 잘 따랐다. 막내 중1의 H도 어린 티를 내며 해맑간 얼굴로 나를 좋아했다. 그 둘은 주일학교를 다닌 적이 있다고 했다. 나 혼자 부흥회에 가는 것보다 둘을 데려가고 싶었다.

저녁 식사 후 사감님 몰래, 옆방도 몰래 방장의 권위로 Y와 H를 데리고 기숙사 문을 나섰다. 순순히 따라나선 그들은 나를 믿고 기숙사 규칙 위반사항 같은 것은 생각하지 않는 것 같았다.

기숙사는 읍내 변두리에 있어서 교회까지 가려면 40분 정도 걸어야 했다. 버스도 없던 때였다. 당연한 도보로 출발했다.

서산감리교회는 옥녀봉 올라가는 길 언덕진 곳에 있었다. 셋이 나란히 앉아 기도하고 찬송 부르며 부흥강사의 설교를 들었다. 오기 전과 달리 기쁘고 감사한 마음이 되었다. 기숙사 문을 잠그기 전 가야만 해서 끝나자마자 서둘러 교회 문을 나왔다.

읍내를 빠져나와 뿌듯한 마음으로 신작로에 들어섰다. 밤이라서인지 행인이 하나도 없었다. 깊은 밤도 아니건만 지나가는 자동차도 없었다. 그러나 상현달이 있었는지 적막하게 뻗은 신작로 옆엔 추수하고 난 텅 빈 논밭이 희끄무레 보였다. 오롯이 우리들만의 길이었다. 어슴푸레한 달빛 아래 셋의 발걸음은 가벼웠고 어느 때보다 정겨움을 느꼈다. 기숙사에서와 달리 도란도란 이야기하며 걷는 소리는 마치 고요한 주변으로 경음악이 흘러가는 것 같았다. 그렇게 기분 좋게 우리는 나란히 걷고 있었다.

거의 반쯤이나 왔을 때였을까. 어디선가 두런두런 무슨 소리가 들리는 듯했다. 뒤돌아보니 저만치 검은 교복을 입은 남자 4명이 빠른 걸음으로 우릴 쫓고 있는 것 같았다. 교모는 안 썼지만 중고생 남학생들임에 틀림없었다.

'아니 뭐야? 도대체 왜 쫓아오지?'

불길한 예감과 더불어 순식간에 가슴이 퉁탕퉁탕! 방망이질을 했다. 그때 뒤에서 외치는 소리가 들렸다.

"됐다! 이제 독 안에 든 쥐다!"

그 말을 듣는 우리는 초죽음이 되었다. 너무 무서웠다. 혼비백산하여 뛰어 달아나는 것밖에 그 어떤 수도 없었다. 누가 먼저 뛰자 할 것도 없이 정신없이 뛰기 시작했다. 뛴 게 아니라 미친 담박질이었다.

"야, 너희들 거기 서!"

그 애들도 소리치며 쫓아오고 있었다. 그러나 뒤를 돌아볼 수도 없었다. 오직 살아남기 위한 필사의 담박질, 사투의 담박질 외에 아무런 생각도 할 수 없었다.

'오, 하나님!'

그 순간이었다. 신작로 오른쪽 밭 가운데에 인가 서너 채가 나타났다. 서로 말할 것도 없었다. 동시에 후닥닥 밭둑길로 집들을 향해 뛰었다. 첫 집 마당에 들어섰다. 짚누리가 마당 구석에 큼직하게 자리하고 있었다. 셋은 함께 볏 짚단 속을 비집고 들어갔다. 감지덕지한 은신처였다. 헐떡거리는 숨소리가 들릴까 봐 숨도 못 쉬고 입만 크게 벌려 숨을 내뿜었다.

귀는 계속 밖을 향하고 있었다. 그런데 웬일인지 아무 소리도 안 들렸다. 다소 마음이 안정되었다. 거친 숨도 진정되자 그제야 우리 셋은 서로 얼굴을 쳐다보았다. 사선을 넘어온 전우애였을까. 그 경황에 구사일생의 쓴 미소를 나눴다. 점차 심장의 박동도 가라앉는 듯했다. 그러나 안심이 되지는 않았다. 여전히 숨을 죽였다. 그 애들이 우릴 쥐라더니 정말 쥐처럼 반짝이는 눈으로 서로를 응시하며 귀를 기울였다. 역시 조용했다. '제발 오다가 사라졌길!' 짚누리 안에는 간절한 기도와 고요가 계속 흘렀다.

그렇게 30여 분이 지났을까. 쫓아왔더라도 집주인에게 구원을 요청하면 된다는 마음의 여유가 조금 생겼다. 두려움 반, 용기 반으로 바깥을 살그머니 내다보았다. 언제 그런 일이 있었냐는 듯 희미한 달빛만 마당에 깔린 채 사방이 적막했다.

'독 안에 든 쥐를 놓쳤다고 쫓아오다가 포기하고 간 것 아닌가?'

고개를 쑥 내밀어 좌우로 휘둘러봐도 인기척이 없었다. 휴우 한숨이 쉬어졌다. 그래도 믿기지 않아 조심조심 또 살폈다. 그러나 어디서도 그들의 기척은 없었다.

"애들아, 이제 가도 될 것 같다. 기숙사 도착할 때까지 또 뛰는 거야!"

이제 신작로로는 갈 수가 없었다. 그 집 뒤로 기숙사 가는 샛길이 나 있어서 셋은 그 길로 또 뛰기 시작했다. 그러나 아까처럼 죽기살기의 담박질은 안 되었다. 무사히 기숙사에 들어왔다. 사감님에게 들키지도 않았으니 그야말로 우린 아무 일도 없었던 것처럼 서로 쳐다보며 심호흡만 했다.

중고생이 많지 않던 시절, 그 신작로는 여학생 전용 통학로였기 때문에 그들은 우리를 불량하게 떠도는 밤길 비행 여학생으로 보았는지 모른다. 그러니 그렇게 쫓아온 게 아니었을까. 끼리끼리 놀자고.

아무튼 그렇게 곤혹을 치렀건만 Y와 H는 한마디도 불평이나 쓴소릴 하지 않았다. 나 역시 누구에게도 말할 수 없었다.

세상에는 그렇게 험악한 사람들이 있어 여학교에 야간외출금지 학칙이 필요했다는 걸 실감했다.

당시 야간통행금지 사이렌이 울리던 시절, 여학생이 겁도 없이 멋도 모르고 사칙을 어기며 밤길을 다닌다는 것은 언어도단이었다. 그럴 만큼 담이 크지도 않은 나였다. 모두들 남들이 말하는 모범생이었지 천방지축도 아니었다. 오로지 시골뜨기 '순진탱이'가 세상 물정 모른 무모함 때문이었다. 그런데 어쩌자고! 애오라지 부흥회 가고 싶은 마음 그뿐이었다.

행여 그날 불미스런 일이 생겼더라면 어떤 일이 벌어졌을까. 생각할 때마다 아찔하다. 어린 딸들을 믿거니 하고 기숙사에 맡겨놓은 Y와 H 부모는 몽둥이를 들고 학교에 찾아 왔을지도 모른다. 사감님은 직무유기죄, 나는 무기정학? 어떤 매를 맞아도 쌀 일이었다. 하지만 하나님은 우리를 잘못되도록 놓아둘 리가 없으시다. 예비된 인가의 짚누리로 피할 곳을 주시고 둔하기만 한 나에게 일생일대 달리기 초능력과 험한 세상의 일면을 경험케 하셨다. 세상에서 사는 동안 지혜로우라고.

요즘 자카르타 아시안게임이 있다. 육상경기를 볼 때마다 나는 생각해 본다. 어떤 금메달 육상선수가 내 평생 최고의 마력을 냈던 그날 밤 담박질처럼 그렇게 혼신을 다해서 달릴까? 어쩌면 그들도 놀라운 신기록을 낼 만큼 인간 한계치를 초월하는 힘을 발휘했을 것이다. 그러나 그날 밤 미친 듯 달리던 담박질만은 못할 성싶다.

아아, 내 생애 전무후무 광음보다 빨랐을 그날 밤의 담박질을 어찌 잊으랴.

한 방 식구 Y와 H도 그날 우리 셋의 담박질을 기억하리라. 지금 어느 하늘 아래 살고 있는지, 그날 밤 부흥회 가듯 신앙생활도 하고 있는지 그 후배들이 그립고 보고 싶다.

# 아이스박스의 편견

아침을 먹고 잔반을 냉장고에 정리해 넣으며 혼잣말을 했다.

"옛날 냉장고 없던 시절엔 어떻게 살았는지 몰라."

"왜, 아이스박스 있었잖아."

남편이 웃으면서 하는 말이었다. 나도 픽 따라 웃었다. 아스라이 떠오르는 45년 전 일….

결혼 후 나는 첫 살림을 대전 탄방동에 있는 13평짜리 공군아파트에서 시작했다. 당시 대전시에는 크건 작건 아파트가 거의 없어서 아파트에 산다는 것만으로도 으쓱해지는 일이었다. 여러모로 살기가 편했다. 특히 겨울에는 더 그랬다. 집집마다 연탄을 땠고 팔봉시골 친정집은 아궁이 불을 땠기에 중앙식 난방의 아파트는 그야말로 행복한 신세계였다. 으스대며 살 수 있었다.

그러나 좁은 아파트에서의 여름이 덥기는 했다. 수돗물도 고향의 샘물 같지 않고 뜨뜻미지근했다. 우물 물처럼 수박을 담갔다 시원하게 먹을 수도 없었다.

생각 끝에 대형 아이스박스를 하나 구입했다. 아이스박스에 수시로 얼음을 채워 넣고 주로 과일을 담아 놓았다. 뜨거운 날 퇴근하고 집에 와 시원한 과일을 먹는 호사를 부렸으니 더위도 어지간히 견딜 수 있었다. 그 즈음 아래층 집 대위 부인이 냉장고를 들여 놓았다고 묻지도 않는 말을 걸어왔다. 냉장고가 어떻게 생겼는지 구경도 못했던 터라 놀라워했다. 나의 그 모습에 자랑스러웠던지 대전 시내 여학교 선생인 그녀는 자기 집에 들어와 보라고 했다. 따라 들어갔다. 냉장고 문을 열어 보여주며 설명을 했다. 냉동 칸은 얼음도 얼려 먹을 수 있다며 시원하게 미숫가루를 타서 아이들에게 준다고 했다. 그러나 나는 얼음 미수를 먹은 경험이 없어서인지 그 말이 그다지 부럽지 않았다. 푸른 색 꽃무늬 대형 아이스박스만으로도 촌뜨기인 나는 대만족이었다.

더구나 감사한 것은 아파트에서 3분만 나오면 버스 정류장이 있다는 것이었다. 근무하는 외삼국민학교 앞을 지나는 버스가 수시로 있었다. 하루 종일 세 번밖에 다니지 않던 서산 고향 버스에 비하면 얼마나 신나는 일인지 노란 나비 춤추듯 나풀거리며 출퇴근을 했다.

어느 날 출근 버스를 기다리고 있던 때였다. 저편에서 버스를 기다리는 한 여자. 낯이 익었다. 반가워서 다가갔다.

"혹시 스산 H 아녀? "

"그럼 넌 조춘호?"

서산여중고 동창생 H였다. 그 후로 정류장에서 가끔 만나 잠깐씩 대화를 했다. 우리 아파트의 맞은편 건너 단독주택에서 산다고 하였다. 아버지가 6 · 25참전 용사로 전사해 여학교 6년간 등록금을 면제받고 시골에서 원거리 도보 통학을 했던 친구였다. 편모슬하에 언니는 하나 있다고 했지만 다른 아이들처럼 활기찬 모습은 아니었다. 주근깨가 많았던 그는 키가 작아 앞쪽 줄에 앉았고 공부도 썩 잘하는 편은 아니었던 것 같다. 그러나 누구에게 싫은 소리 한마디 않고, 있는 듯 없는 듯 온유한 얼굴의 미소, 성품이 착해서 모두들 편한 친구로 여겼다.

그녀의 말로는 여고 졸업 후에도 나라에서 유공자 자녀라고 국가기관에 취직을 시켜줬고 결혼 후에도 대전의 모 기관으로 다시 알선되어 준공무원처럼 다니고 있다고 했다. 당시 국가보훈제도가 탄탄했던 모양이었다.

어느 날 버스정류장에서 또 만났다. 그녀가 먼저 말했다.

"돌아오는 제헌절 휴일에 내가 너의 아파트 갈게. 그다음 우리 집에 나랑 가자."

약속된 전날, 나는 아이스박스에 철 이른 참외랑 수박을 사다 넣고 친구 맞을 준비를 했다. 땀내며 걸어올 친구에게 아이스박스의 과일을 내놓을 수 있다는 것이 뿌듯했다. 그녀가 오자 보란듯이 시원한 과일 접시를 앞에 놓고 안방에서 여학교 시절 이야기를 나눴다. 나는 깔깔거리며 활기차게 말했으나 그녀는 역시 전처럼 조용했던 학생 때 그대로였다.

"이제 우리 집에 갈까?"

"좋지." 하며 따라나섰다. 대전시라 해도 주택들이 많이 들어서지 않아 시골처럼 느껴지는 곳에 집이 있었다. 한적한 곳에 사는구나 생각하며 현관에 들어서는 순간 내 눈이 휘둥그레졌다.

내가 사는 아파트는 현관에서 신을 벗으면 곧바로 작은방 그리고 안방인데 그 집은 툭 터진 널따란 거실이 상큼한 모습으로 우리를 맞았다. 반들반들 윤기나는 고급 자재의 마루는 내 발자국이 날 것만 같아 딛기에 조심스럽기조차 했다. 그 마루 위에 까만 가죽 소파 세트가 떡하니 자리 잡고 있었다. 그 우람한 소파만 해도 덜 놀랐을 것이었다. 소파 어깨에 얹힌 하얀 레이스 덮개는 얼마나 화려했던지! 외국 영화의 상류사회 가정에서나 봄 직했을까.

"세상에 이렇게 아름다울 수가!"

흰 뜨개 사이로 언뜻언뜻 속이 비치는 검은 가죽색의 조화는 봄날 과수원 배꽃보다 더 아름다웠다. 감탄하는 내게 자기 손으로 뜬 거라고 H는 조용히 미소를 지어 보였다. 칠판 앞에서 백묵만 집을 줄 아는 나는 상상도 못할 솜씨였다. 선뜻 앉기도 망설여져 주춤거리며 앉았다. 주위를 둘러보니 처음 보는 갈색 목가구들이 품격과 여유로움을 한껏 자아내고 있었다.

친구는 과일 먹자며 문 달린 주방으로 들어갔다. 먹고 왔으니 됐다고 하면서 뒤따라 들어갔다.

'아, 냉장고!'

아래층 대위 집 것보다 키가 더 큰 냉장고였다. 그 안에서는 포도와 바나나가 나왔다. 아무리 대전의 판암동 포도가 유명하다 해도 제헌절 그때는 포도가 흔히 나올 철이 아니었다. 그렇다면 어디서 나온 포도란 말인가. 더구나 바나나는 소시민 아무나 먹을 수 있는 게 아니었다. 요즘은 값도 싸고 제일 천덕꾸러기 과일이 되다시피 했지만 당시는 사진이나 그림에서 볼 수 있었던 대단한 노란 황금손이었다.

'이 친구가 이런 집에서 이렇게 살고 있다니!'

함께 따라나설 때만 해도 삶의 빛깔은 학교 성적대로일 거라고 생각하며 학생 때 모습이려니 했다. 그런데 아뿔싸, 오로지 내 오만한 목불인견의 편견이었다. 머쓱해지고 죄의식마저 이는 굉음이 가슴에서 일렁였다. 그래도 푹신한 가죽 소파에 앉아 마치 내가 갑자기 신분 상승이나 된 듯, 냉장고 안에서 나온 그림 같은 과일을 먹으며 오순도순 이야기를 나눴다. 그녀 남편은 운수사업을 하고 있다고 했다. 그렇게 살아도 될 만큼 수입이 좋았나 보았다. 공부 잘해 선생이 되고 결혼 후 둘이 맞벌이 공무원으로 만족했던 나는 보너스 한푼 없는 박봉이지만 따박따박 월급 타며 적금까지 드는 최고 부자의 삶으로만 알았던 우물 안 개구리였다.

집으로 돌아올 때는 발걸음이 터벅거렸다. 자괴감이 가득하여 하늘을 쳐다보며 걸었다.

'얼음 덩어리 갈아 넣는 아이스박스를 최고 호강으로 알고 그 안에서 과일을 꺼내주던 나를 그녀는 속으로 웃지나 않았을까?'

집에 와 가족들에게는 그 친구가 근사하고 아름답게 살더라고 자랑을 했다.

'철부지 조춘호, 오만한 편견을 버리는 삶의 지혜를 가져라!'

혼자 잘난 맛에 취했던 젊은 날 아이스박스와 H를 생각하면 지금도 절로 얼굴이 화끈거린다. 그러나 이제까지 불평 없이 큰 욕심 안 부리며 모든 사람 존중히 여기면서 잘 살아온 것은 아마 그때 그런 작은 깨달음 덕분이었는지 모르겠다.

그런데 아직도 철부지 같은 나는 또 다른 편견에 사로잡혀 있을 때가 얼마나 많은가.

# 철 안 든 건 마찬가지

이번 설에도 세 아들 가족이 와서 하룻밤 자고 처가를 향해 썰물처럼 빠져나갔다. 열네 식구가 모여 북적이다 가니 둘만 썰렁 남은 아파트엔 한적한 공기만 가득했다. 두 내외는 하릴없이 TV만 보았다. 며칠 전부터 설날인 오늘 아침까지도 귀성(귀향) 차량으로 도로교통의 정체 현상이 나타난다는 뉴스가 주를 이뤘다.

35년 전, 우리가 부모님께 갈 때나 별반 다를 바 없었다. 그때는 차가 요즘처럼 많지 않아 아파트 지상 주차장이 텅텅 비었을 때였는데도 명절 때만은 어디서 차들이 그리도 몰려나오는지 신기했다. 경부선, 호남선이 있을 뿐이었으니 그랬을 것이다.

우리가 처음 차를 샀을 때는 1980년대 중반이었다. 당시에는 현대차보다 대우차가 전성기였고 현대 소형 '포니'가 국민차였다. 그런데 포니는 부쩍부쩍 커가는 아들 셋에게는 좁아 보였다. 더구나 은근히 중후한 멋을 내고 싶은 남편의 욕심이 한몫했다.

대우의 중형 로얄 시리즈를 물색했다. 살롱, 프린스, 그리고 엑스큐. 비교적 가격이 싸고 유지비가 낮다는 '로얄XQ'를 선택했다. 그러나 중형차인 만큼 고속주행에도 흔들림 없이 안락했다.

가까운 서울 친척 집에 갈 때도 아들 셋은 뒷자리에 앉아서 먹고 놀며 까불다가 도착할 때는 누워서 잠까지 자는 특등실이었다.

그보다도 고향에 갈 때 하나, 둘, 셋, 아들 머릿수를 세며 양손에 무거운 짐 꾸러미를 들고 기차나 버스를 타지 않아도 되는 게 나는 좋았다.

그러나 차를 샀다고 나보다 더 기뻐한 분은 어머니셨다. 바리바리 식료품 생필품 등 짐을 실어 주는 데는 뒤 트렁크가 그만이었다. 하다못해 요즘엔 쓰지 않는 당신이 쓰던 양은대야까지 실어 주셨다. 그 밖에도 돈으로 치면 얼마 되지 않는 것들이 태반이었다. 싫다고 해도 살림하려면 다 쓸모 있다며 부득부득 트렁크 앞에 수북하게 갖다 놓으셨다. 할 수 없이 차곡차곡 가득 실었다. 어머니는 세상에서 할 일을 다하신 것처럼 기쁜 얼굴로 차 뒤꽁지를 보며 우릴 배웅하셨다.

하지만 어머니는 명절 때만은 대중교통을 이용할 때보다 불안해하셨다. 명절 대목마다 자가용 몇 가족의 죽음을 TV에선 꼭 보도했기 때문이었다.

어느 해 추석이었다. 세차를 하고 가족들 선물을 트렁크에 싣고 고향에 갈 채비를 마쳤다. 아이들이 하교한 뒤 출발하려고 하다 보니 아무래도 그 시간이 도로 정체가 절정을 이룰 것 같았다. 교통상황을 실시간 알리는 라디오방송도 들을 수 없던 때였다. 식구 모두 함께 약은꾀를 냈다. 차가 덜 막힐 것 같은 밤 12시에 출발하자고 했다.

드디어 자정이 되자 눈뜨고 기다리던 다섯 식구가 모두 차에 올랐다. 여의도아파트를 떠나 고속도로 서울요금소를 지나서도 그럭저럭 막히지 않고 갔다. 우리의 예상이 맞는다고 즐거워하였다. 그러나 시간이 갈수록 하나 둘 늘어나는 차들은 꼬리가 긴 거북이 신세를 면할 수 없었다. 밖을 내다보아도 다닥다닥 차의 행렬에서 나오는 불빛만 보일 뿐 막막하기만 했다. 꾀를 부린 것은 우리만이 아니었다.

'왜 이렇게 막히는 거야? 혹시 교통사고라도 난 거 아냐?'

그런 짐작만 하고 무조건 견뎌야 했다. 1~2m 가다가 서고, 가다가 서고. 운전하는 남편은 발목과 무릎이 아프다고 했다. 수동변속기라서 차가 한 발짝 이동할 때마다 클러치 브레이크를 오랜 시간 번갈아 밟아야 했으니 당연한 고통이었을 것이다.

그러나 반대 방향 상행차선의 차들은 드문드문 여봐란 듯이 뽐내며 신나게 달렸다.

'차라리 저 차들처럼 되돌아가 버려?'

그러나 차들이 꿈쩍도 안 하니 그것도 불가능한 망상이었다. 그렇게 몇 시간을 지나자 오른쪽에 휴게소가 보였다. 와! 휴게소다. 그곳으로 들어간 시간은 새벽이었다.

"차라리 여기서 자고 가자."

남편의 제안이었다. 다섯 식구는 차 안에서 눈을 붙였다.

여명이 휴게소 산자락에 비쳐지고 있었다. 아이들을 깨웠다. 그러나 정작 시댁에 들어간 시간은 아침 9시를 넘고 있었다. 대문에 들어서며 조용한 집안에 남편은 소리를 쳤다.

"어머니, 저희들 왔어요."

그 소리에 시어머님은 앞치마에 물손을 닦으며 부엌에서 뛰어나오셨다. 손자들 얼굴을 부비며 울먹이셨다.

"아이구, 아이구, 내 새끼들 죽은 줄만 알었네!"

"죽긴유. 하도 길이 막혀 휴게소에서 자다 왔어요."

잘했다고 하는 남편의 대답이었다.

"그럼 연락을 해야지, 이 사람아! 세상에, 세상에! 이렇게 오는 걸 가지고…."

어머니는 우리 내외를 나무라면서도 안도감과 기쁨으로 한숨까지 쉬셨다. 다시 보니 어머니는 밤사이 한숨도 못 주무신 것 같았다. 어제 떠나겠다며 전화를 해놓고 하룻밤이 지나도록 아무 소식도 없이 안 오는 둘째 아들네, 무슨 일인가 서울 우리 집으로 몇 번 전화해보셨다지만 받을 턱이 없었다. 어머니는 틀림없이 교통사고란 불길한 예감으로 머리가 어지럽고 가슴이 꽉꽉 막혔을 것이다.

'그래도, 그래도? 설마 사고는 아니겠지….'

이 추측 저 추측, 망상으로 애간장을 태우며 뜬눈으로 밤을 새우셨다고 했다. 우리는 그렇게 밤새도록 기다리고 있는 어머니 마음은 추호도 생각하지 못했다. 오로지 뚫리지 않는 도로에만 불만으로 연연하고 자고 가는 방법까지 택했다.

물론 그 시절 핸드폰은 없었다. 그러나 휴게소에 공중전화는 있었을 것이다. 가슴 졸이며 온통 자식만을 기다릴 어머니를 조금만이라도 생각하고 배려했더라면 전화 한 통화가 뭣이 어려운가! 우리는 불안과 초조로 밤을 꼬박 지새우게 해드린 불효자식이었다. 정말로 철 안 든 어처구니없는 자식….

지금은 밤새워 자식을 기다리던 어머니는 돌아가시고 대신 분가한 세 아들 가족 열두 명이 우리 집으로 모인다.

어느 해, 안개가 자욱하고 날씨가 궂던 날이었다. 집에 온 아들 식구들이 저녁을 먹고 늦게 떠날 때부터 걱정스러웠다. 특히 멀리 가야 하는 큰아들이 걱정되었다.

무사히 도착했다는 전화를 기다렸다. 그러나 길이 막혀서 늦는지 전화가 없었다. 전화를 해 볼까 했지만 운전 중이면 오히려 방해가 될 것 같아 전화기를 놓았다.

설마 곧 소식 주겠지, 주겠지, 노심초사하며 기다렸다. 한참이나 참아보다가 불안한 마음으로 전화를 걸었다.

"아이구, 벌써 왔어요. 사고 당했을까 봐요? 걱정 마시고 주무세요!"

이미 도착해 있는 아들과 통화를 하고 나니 참 어이가 없었다. 어쩌면 그렇게 철딱서니 없을까, 생각이 들었다. 부모 마음을 그렇게 헤아리지 못하다니!

그러나 '그 나물에 그 밥'이란 속담, 그 부모에 그 자식이었다.

우리 부부는 지난 35년 전 추석, 어머니가 얼마나 어이없으셨을지 그 시절을 회상하며 대화했다. 서로의 얼굴에는 어머니께 사죄하는 마음과 철없었던 부끄럼이 묻어있었다.

"그때 우리가 몇 살 때였지?"

"서른아홉인가, 마흔 살 그쯤?"

아무 말이 없는 남편이었다.

"아이들 나무랄 일이 못 돼요. 철 안 든 것은 우리도 마찬가지였어요."

"아니, 우린 애들보다 더했지 뭐."

"……."

그 나이에 사리 분별 판단력이 어찌 그리도 없었는지, 왜 그렇게 철이 안 들고 단순했었는지 지금도 이해할 수 없다. 오로지 내 생각만 했던 철부지 그 시절이었다.

옛 어른들이 자식을 키워봐야 부모 심정 알고 철들면 죽는다더니 얼굴이 짜글거린 지금에야 애면글면 키워주신 부모님을 생각하며 눈시울을 적시고 있다.

"어머니, 죄송해요."

"아들 며느리가 그렇게 철이 없었어요. 이제야 철 좀 드는 것 같아요."

# 그 개심사

고양시에서 퇴직한 여교장 열댓 명이 당일 여행을 떠났다. '2018 태안 세계 튤립 축제'장을 거쳐 내 고향 서산의 가야산 자락 개심사를 다녀오는 일정이었다. 서울 서부역에서 출발하는 '아름여행' 버스는 관광객의 설레는 마음을 나타내주는 듯 물큰 터질 것같이 잘 익은 자두색이었다.

그날은 71세 되는 나의 생일이었다. 하지만 이른 아침 차 시간을 대느라 미역국도 못 먹고 서둘렀다. 튤립 꽃구경보다 어린 시절 추억이 서린 개심사에 나의 몸과 마음은 들뜨고 있었다. "개심사 하면 겹사구라지요." 가이드는 주먹만 한 왕벚꽃이 유명한 곳이라고 설명하면서 이미 꽃이 졌다고 아쉬워했다. 그러나 내게 그곳은 벚꽃 구경과는 상관없는 곳이었다.

서해안고속도로를 달려 안면도 축제장에 도착했다. 백만 송이 튤립을 마음껏 즐기며 다양한 포즈로 사진을 찍고 꽃게탕으로 점심을 한 후 버스를 타고 개심사로 향했다. 그 길 위로는 60년 전 나의 6학년 소풍날이 파노라마로 날리고 있었다.

초등학교 시절, 봄가을 소풍은 학교에서 어슴프레 건너다 보이는 팔봉산으로 갔다. 어쩌다 호리 갯바위가 널려있는 '우럴목'으로 가기도 했지만 주로 팔봉산 아래 절까지 걸어 올라가는 게 단골 코스였다. 사는 곳이 팔봉면이니 오로지 그 산, 그 바다뿐이었다. 그러나 6학년 때만은 멀리 소풍을 보냈다. 이른바 졸업반 수학여행인 셈이었다. 먼 곳이래 봤자 생각하고 말 것도 없이 서산군 사람들이 제일로 여기는 운산면에 있는 개심사였다. 백제 의자왕 때 혜감慧鑑국사가 지었다는 그 절을 우리는 신라 시대 경주 불국사 다음가는 유명한 절이라고 여겼다.

6학년 150여 명은 그 개심사 수학여행의 꿈에 부풀었다. 선생님은 여행비를 걷었는데 대절해서 타고 가는 트럭 차비였다. 그러나 여자만으로 구성된 우리 3반은 49명 중 21명이 그 돈을 내지 못했다. 남자반인 1반과, 혼성 2반은 그래도 우리 반보다 훨씬 많이 냈다. 지금 생각하면 반별로 가정의 빈부 차이가 아니고, 그 시절 시골에서 딸과 아들 차별대우였다.

세 반을 합해서 여비를 낸 100여 명은 손꼽아 수학여행의 날을 기다렸지만 차비를 못 낸 50여 명은 부풀던 꿈을 접어야 했다.

드디어 개심사로 가는 날 아침, 트럭 두 대가 학교 앞 신작로에서 부릉거렸다.

"야, 도라꾸 왔다. 저기, 저기 봐! 제무시(GMC) 왔어."

버스는 구경도 못해 본 아이들이 소리를 질렀다. 처음으로 국방색 트럭이나마 타보게 되는 아이들은 마냥 신바람이 났다. 선생님은 줄을 세워 하나씩 부축하여 올라가게 했다. 승차 순서는 나이순으로 제일 어린 끝 번호부터였다. 우리 반에는 14살짜리 아이들이 제일 많았다. 나는 조기입학으로 12살이었기에 먼저 탔다. 큰 키를 작게 보이려고 구부정하게 다니는 17살까지도 있어서 그 아이들은 맨 나중에 타게 되었다.

또 하나의 트럭에도 혼성반인 2반의 여자들을 먼저 태웠다. 그 차에는 실제 나이보다 호적이 늦어졌다는 D가 맨 먼저 탔다고 했다. 그는 트럭에 오르자 운전석 뒤편에 놓인 석유통이 확 눈에 띄었다. 주유소가 없던 시절, 기름이 떨어지면 운전기사가 직접 넣도록 싣고 다니는 예비용 석유통이었다. 그 통은 의자 삼기에 안성맞춤이었다.

'옳지, 모두 서서 가야 하지만 나는 여기 앉아 간다!'

석유통 특석을 차지한 기쁨이 컸다. 아이들이 부러워해도 양보할 수 없었다. 올 때도 먼저 맡은 임자란 명분으로 특혜를 누렸다. 그러나 터덜거리는 트럭 위의 양철통 모서리는 여린 살성에 찰과상을 안겼다. 다녀온 후 약이 뭔지도 모르던 시절, 허벅지와 엉덩이 상처가 아물기까지 한동안 고생을 했노라고 D는 그때 추억을 지금도 이야기하며 웃곤 한다.

비포장 80리 길에서 트럭은 몹시 덜컹거렸다. 그러나 아무리 흔들려도 시루의 콩나물처럼 빽빽하게 탄 우리는 쓰러지지 않았다. 멀미하는 아이들의 구토물마저도 휙휙 시원스레 날아갔다. 지금 같았으면 노래라도 불렀으련만 그저 처음 차 타보는 것만으로 좋았다.

흙먼지 뒤집어써 가며 인지면을 거쳐 서산 읍내와 해미면을 지나니 개심사가 있는 운산면에 도착, 두 시간이 넘게 걸렸다. 차에서 내려 반별로 줄을 서서 큼직한 돌이 박힌 계단을 올라갔다. 한참이나 오르니 솔숲 사이로 기와지붕들이 보였다.

"와, 개심사다!"

대웅전 앞마당에는 5층 석탑이 있었다. 마당 둘레에도 자연석 초석 위에 기둥을 세운 아기자기한 전각과 누각들이 많이 지어져 있었다. 그러나 기와지붕 밑에 한자로 써서 걸어놓은 현판들은 읽을 수 없었다. 다만 벽과 기둥은 녹청, 노랑, 붉은빛으로 화려했다. 그 건물들이 한집안 식구같이 어우러져 서로 마주보고 있었다. 우리가 매년 소풍 가는 팔봉산 절과는 너무 딴 세상의 사찰이었다.

팔봉산 절은 초가 움막이었다. 단칸방 안에 지팡이인지 작대기인지 들고 서 있는 하얀 산신령 같은 한 분을 부처님이라고 모신 곳이었다. 그런데 개심사 대웅전 안에는 교과서 사진에서나 보았던 커다란 금부처님이 앉아 있고 옆에도 작은 부처님이 또 있었다. 번쩍번쩍 빛나는 노란 금빛이 눈부실 정도였다. 곳곳을 기웃거리며 들여다보아도 이름 모를 울긋불긋한 보살상인지 불상들이 표정도 각각 다른 채 무수하게 많았다. 아! 절은 이래야만 진짜 절인가 보다 했다.

다 둘러본 후 대웅전 석탑 앞에서 세 반이 모여 기념사진을 찍었다. 서산 읍내의 '천연사진관' 곱슬머리 사장님이 어깨에 메고 온 사진기 다리를 세워놓고 여기 봐라, 저기 봐라! 코치를 했다. 반별로도 찍었다. 우리 3반 28명은 멋진 배경을 찾아 석축 위에 나란히 서고 사진기사는 아래에서 올려다보며 찍었다.

반 별 촬영이 끝나고 점심시간이 되었다. 모두 나무 그늘을 찾아 끼리끼리 앉아 도시락을 싼 소청 보자기를 풀었다. 학교에는 꽁보리밥을 싸 오던 아이들도 소풍날이라고 특별히 하얀 쌀밥을 가져왔다. 밥을 먹기 전, 어떤 애는 "고수레!" 하며 아까운 쌀밥 한 숟갈을 낭떠러지 밑으로 퍼 던졌다. 밥 말고 특별히 밀가루개떡을 쪄온 아이도 있어 서로 나눠 먹었다. 그러나 달걀을 삶아온 아이는 의기양양 조금씩 베물어 가며 혼자 야금거렸다. 일 년에 한두 번, 먹을 둥 말 둥 한 계란이었으니 그럴 만도 했다.

점심을 먹고 나서였다. 우리 반에서도 말수 없는 A가 내 귀에 대고 작은 소리로 말했다.

"엄마가 여기 있다는데…."

"…?"

할머니 슬하에서 학교 다니는 A였다. 언젠가 그 동네에 사는 친구들이 비밀인 듯이 귓속말로 들려주던 말이 생각났다.

"A 엄마는 중이래. 밤에만 살짝 왔다가 다음날 이른 새벽에 몰래 간대."

그 말을 들었을 때도 눈이 크게 떠졌었는데 그 엄마가 여기 개심사에 있다니!

아마 A는 내가 반장이라고 그랬는지 몰라도 내게만 살짝 말하는 것 같았다.

"그럼, 엄마 얼굴은 알아?"

동네 아이들 말대로라면 한밤중에 잘 때 왔다가 새벽에 간다니 잘 모를 것도 같았다. 그는 안다는 대답 대신 어설픈 얼굴로 고개만 끄덕였다.

A는 아버지가 6 · 25때 돌아가셨다고 했다. 꽃다운 나이에 청상과부가 된 엄마는 개가는 꿈도 꾸지 않았다. 그렇다고 곤궁하던 그 시절, 여자는 딸 하나도 키울 능력이 못 되었다. 고뇌 끝에 불교 입문을 결단, 입산하겠다고 모진 마음을 먹었다. 시가의 허락을 받은 후 한창 재롱을 부리는 자식을 시어머니에게 맡기고 승려의 길로 떠났다. 하지만 떼어놓은 단 하나 어린 핏줄, 얼마나 눈에 밟혔을까. 그러나 그토록 딸이 보고 싶어도 출가한 여인이 승복을 입고 대낮에 동네 사람들 앞에 나타나기란 쉽지 않았을 것이다.

그 엄마가 여기 개심사에 있다니! 나는 큰 과제를 안은 것 같았다.

"그럼 엄마 보고 가야지! 찾아보자. 엄마 이름이 뭐야?"

고개를 좌우로 흔들었다. 성이 조 씨인 것만 안다고 했다. 나는 어떻게든 찾아서 A가 엄마를 만나고 가도록 해야 한다고 생각했다. 그때부터 구경은 관심도 없었다. 절 경내에 승복의 그림자가 나타나는지만 둘레거리며 눈동자를 굴렸다. 그러나 우리처럼 소풍 온 중학생들의 교복만 보였다. 어떻게 만날 수 있을까? 답답한 마음에 선생님께 말씀드려 보자고 했다. 그러나 A는 싫다고 했다. 별수 없이 계속 두리번대기만 했으나 승복을 입은 사람은 단 한 명도 볼 수 없었다. 돌계단 아래쪽으로도 내려가 보자고 했다. 점심 먹고 종구라기로 물을 떠서 마시던 옹달샘 쪽이었다. A와 둘이 돌계단을 내려가는데 샘물 곁에서 등을 구부리고 앉아 있는 두 명의 동자승이 보였다.

"와, 까까 애기중이다!"

큰 행운을 맞은 것 같이 갑자기 힘이 솟으며 반가웠다.

조심스레 그들 옆으로 다가갔다. 무슨 재미있는 일이 있는지 웃으면서 말을 주고받으며 쌀을 씻고 있었다. 첫 인사말도 건네지 않은 채 다짜고짜 물었다. 그저 엄마를 얼른 찾아야 한다는 다급한 마음 그뿐이었다.

"여기 개심사에 성이 조 씨인 중, 있슈?"

동자삭발을 한 그들은 반질반질 윤기 나는 푸르스름한 머리에 마냥 얼굴도 맑고 심성도 고와 보였다. 그런데 들은 척을 안 했다. 묻는 소리를 못 들었나? 간절한 마음으로 그들 등 뒤에서 한동안 대답을 기다리고 서 있었다. 아랑곳도없었다. 표주박으로 연신 물을 떠서 쌀뜨물을 쏟아내며 자기들만의 대화만 계속했다. 안타깝고 머쓱해졌다. 한참 후에 다시 용기를 냈다. 아까보다는 더 큰 소리로 물었다.

"저기…. 여기에 조 씨 성 가진 중, 있나유?"

분명히 들었을 법도 한데 마찬가지였다. 정말 못 들었을까? 여전히 웃으며 소곤소곤 자기들의 이야기만 했다. 물음에 아랑곳하지 않는 그들. 그럴 수가 없었다. 무시당한 느낌이 들었다. 야속한 마음에 힘이 쏘옥 빠져버리니 세 번 물을 용기가 나지 않았다. 매가리가 풀린 채 한참 동안 그들 등만 바라보며 혹시나 하고 서 있기만 했다. 그러나 기대는 헛것이었다. 말없이 곁에 서 있던 A는 태연자약한 듯 보였지만 어쩌면 올 때부터 엄마를 만날 수 있으리라 바라고 왔을 것이다. 애석하기 그지없었다. 그러나 오히려 낙담하는 나를 위로하듯 "괜찮아." 담담하게 말했다. 어쩜 A는 그렇게 어른스럽게 의연한 모습이었을까.

동자승이 보였을 땐 단박에 엄마를 만날 수 있으리라 여기고 기뻐했건만 싸워보지도 못한 패잔병처럼 돌아서 다시 돌계단을 올라왔다. 허공에서 뜬구름을 붙잡으려 했나, 허허롭기 그지없었다. 그렇게 그날 소풍은 둘만의 비밀로 무겁게 끝났다.

지금 생각해 보면 스님들이 거처하는 곳을 물을 수도 있었다. 그때도 있었는지 모르나 종무소를 찾아갈 수도 있었다. 아니면 동자승 어깨를 툭툭 쳐서라도 알아내고 A가 엄마를 만나도록 해야 했었는데 왜 그렇게 못했는지! 촌뜨기에 철부지 12살 초등생 나이로는 힘에 부친 일이었던 것 같다. 그러나 가장 큰 원인을 꼽아본다면 무엇보다도 내가 부른 호칭이 문제였을 것이 틀림없다. 성철 스님은 자신을 '땡중'이라며 스님이라고 부르면 호통을 쳤다고 하지만 일부 승려들은 스님이라고 불러야 마주한다는 걸 어느 책에서 읽어 본 적이 있다.

도대체 '조 씨 중'이 뭐란 말인가! 법명은 몰랐을지라도 '조씨 성 가지신 스님'이라고 왜 그러지 못했는지, 아무리 초등생이라지만 동자승들은 스님들을 얼마나 하찮게 여기는 철없는 아이들이라고 생각했을까. 그들이나 우리나 어리긴 비슷했겠으나 불자의 자존심이 있을 텐데 밑도 끝도 없이 조 씨 중만 찾는 우리가 역겨웠을지 모른다.

그러니 우리의 묻는 소리를 들었다 해도 대꾸 상대로 여기지 않았을 것 같다.

우리 마을에서는 팔봉산 절의 보살처럼 목탁 든 까까머리가 바랑을 지고 마을로 내려와 시주 쌀을 얻어 가면 으레 팔봉산 '코빼빼이중'이 왔다 갔다고 했지 스님이란 호칭은 그 누구의 입에서도 부른 바 없었다. 그러니 우리 아이들도 모두 그저 중으로 따라 불렀다.

다만 사회시간에 배운 서산대사 원효대사 원광법사 등은 유명한 승려니까 국사 대사 법사 선사의 호칭을 붙이는 것으로 알았다. 아무리 그럴지라도 저학년도 아닌 6학년생이 스님이란 일반적인 존칭 표현도 못 했던 걸 생각하면 숙맥도 유분수. 지금까지도 그 무지가 몹시 부끄럽다. 그리고 그 동자승들에게 미안하다.

12살 그 아련했던 추억을 안고 60년 만에 찾아온 개심사. 그런데 입구부터가 딴판이었다. 두릅을 비롯한 산나물을 파는 아낙네들이 줄지어 앉아 있었다. 가야산에서 캤다는 팔뚝만 한 칡뿌리 장사들도 눈에 띄었다. 어릴 적 동네에서 캐 먹던 칡뿌리는 손가락 크기였는데 어떻게 자라면 저리 클까? 감탄하면서 울창한 적송 그늘을 따라 돌계단을 올라갔다. 그런데 이상했다. 오르고 올라도 개심사가 나타나지 않는 것이었다. 다리도 아프고 숨도 찼다. 그럴 리 없으련만 초등학교 시절과는 너무 다르게 높아진 산길 같았다. 나이 든 내 몸을 인정했다. 그렇게 가쁜 숨을 쉬면서도 옆 사람에게 트럭 수학여행 추억을 말하며 올라갔다. 왜 트럭을 탔냐고 의아해했다. 나 같은 팔봉산 밑의 촌놈이 아니고 어릴 적 이미 버스를 타본 동료들, 그런 가난한 시골의 추억은 없는 사람들이었다.

드디어 울창한 노송 사이로 개심사가 보였다. 보물 제143호로 지정되었다는 대웅보전. 어릴 적 그렇게 컸던 대웅전이 웬일인지 아담한 건축물로 앉아 있었다. 서로 마주보던 사찰당우堂宇들의 읽을 수 없었던 한자 현판들도 모두 눈에 들어왔다. 특히 '상왕산개심사象王山 開心寺'라고 안양루에 걸린 편액이 눈에 띄었다. 근대 명필로 알려진 해강 김규진의 글씨라고 했다. 여학교 때는 더러운 마음을 고친다는 고칠 개改자에 마음 심心, 개심사改心寺라고 생각했었는데 고칠 改가 아니고 마음을 씻고 洗心洞, 마음을 열면서 오르라는 뜻을 가진 열 개開자, 개심사開心寺였다. 그러나 내 마음은 사찰 당우堂宇의 현판도, 불상도 아닌 옹달샘 우물에 가 있었다. 60여 년이 흘러서인지 주변이 조금씩 달라져 있었지만 경내 아래로 A와 돌계단을 내려갔던 기억을 더듬어 혼자 내려갔다. 우물 장소는 그대로였다. 그러나 옹달샘은 어디로 가고 슬레이트 지붕이 햇살을 막고 있는 '감로수'가 있었다. 동자승이 앉아 쌀뜨물을 흘려보내던 주변도 시멘트 물길로 보수되어 있고 그 앞에는 종구라기나 동자승이 쓰던 표주박 대신 손잡이 달린 파란 플라스틱 바가지가 걸려 있었다. 주마등처럼 지난날을 떠올리며 한참 동안 서서 우물을 물끄러미 들여다보았다. 강산이 여섯 번이나 바뀌었건만 변함없이 여전히 검고 흰 그 맑은 샘물. 그 물 위로 60년 전 A와 나의 모습이 비쳤다. 애틋하던 그날은 그 자리에 아직도 머물러 있었다.

운명이런가. 엄마의 뒤를 따라 스님이 된 A. 세상의 길이 그렇게 많건만 모든 것 다 버리고 구도자의 길을 택한 친구!

"A야! 나 여기 개심사 왔어."

싸한 뭉클함이 가슴을 메웠다. '마음 씻고 洗心, 마음 열고 開心 혜안으로 세상을 보자. 이 개심사에서!'

그러나 떨쳐 낼 수 없는 애잔한 마음은 눈앞의 감로수처럼 계속 솟아나고 있었다.

엄마는 입열반하셨을 테고, 이제 엄마 대신 노스님이 되었을 A….

"어느 절에 있는지 큰스님이 되었을 네가 보고 싶구나."

4부

# 만추의 마음으로

# 돌아온 빨간 지갑

어릴 때부터 나는 저축 습관이 있었던 것 같다. 가난하던 보릿고개 시절이었건만 친척 어른들이 오시면 내 손에는 한국은행 총재 도장이 찍힌 오 환, 십 환 지폐가 쥐여지곤 했다. 그러나 딱히 어디에 쓸 곳이 없었다. 학교 근처 가게에는 달고 쏴하던 박하사탕, 구수한 오꼬시 등이 있었지만 그 돈으로 군것질할 생각은 들지 않았다. 학용품도 학교와 교회에서 받은 파란 잉크로 상償자 찍힌 공책만 해도 넉넉하게 벽장에 쌓여 있었다. 요즘 아이들처럼 용돈이란 개념도, 통장도 없던 때라 생각해 낸 것이 깡통에 저축하는 것이었다. 집에는 지금의 맥주 캔같이 윗면 따개 구멍이 좁은 알루미늄 통이 있었다. 돈은 사각으로 접혀 여덟 조각 되어 그 깡통에 들어갔다.

윗방 벽장 깊숙이 몰래 넣어두고 돈이 생길 때마다 넣었다.

식구 모두에게는 비밀이었다. 깡통 밑바닥에서부터 점점 차오르는 지폐가 작은 구멍으로 보일 때면 혼자 뿌듯함을 누렸다.

드디어 더 들어가지 않을 만큼 빽빽해지면 칼로 통조림 따듯 윗면을 도려냈다. 조심조심 뚜껑이 열리면 기쁨이 가슴 가득했다. 엄지검지로 집어내어 접혀진 부분을 손 다림질로 몇 번이고 폈다. 그리고는 빨간 나일론 지갑에 차곡차곡 넣었다. 목표도 없이 모은 돈으로 나는 환희의 아성을 쌓아가고 있었다.

6학년 가을이었다. 어머니와 아버지가 동생을 데리고 외할아버지 제사에 가셨다. 집에는 할머니와 나만 남았다. 어쩐지 내가 학교에 간 동안 빨간 지갑의 비밀 돈을 할머니가 찾아내실 것만 같은 생각이 들었다. 들키지 않으려면 가방에 넣고 가는 방법이라고 여겨졌다.

나는 지갑을 책가방 한가운데에 넣고 학교에 갔다. 어린 마음에 어찌 그런 생각을 했을까 지금도 부끄럽고 웃음이 나온다.

오후 늦게 수업이 끝나고 집에 와 할머니가 차려주는 저녁을 먹었다.

'할머니, 내 비밀 지갑 모르지?'

숙제를 하려고 의기양양하게 책상 앞에 앉아 가방을 열었다. 그런데 책 사이에 잘 있어줘야 할 빨간 지갑이 보이지 않았다. 두근대며 마구 가방을 휘젓다가 쏟아냈다. 어디로 갔단 말이냐.

'으아! 와아!'

그때 처음으로 몸이 떨린다는 것을 알았다. 요즘 말로 '멘붕'이었다.

그러나 할머니에게는 말할 수 없었다. 할머니에게 몰래하려던 죗값이었을까. 무섭고 괴로웠다. 혼자 감당하기엔 너무 큰 사건이었다. 그러나 마음을 추슬렀다. 어두운 밤이 되어서 할머니가 주무실 때 살짝 대문을 열고 집에서 좀 떨어진 친구 J 집에 갔다.

그는 담임 선생님께 말해야 한다고 했다. 나는 내 정신이 아니었는지 그 생각은 하지 못했었다. 캄캄한 길, 두려운 마음으로 J와 함께 나섰다. 학교 운동장가 사택에 사시는 담임 선생님을 찾아가 말씀드렸다. 선생님은 뭔가 생각하는 듯 말없이 듣기만 하셨다. 괴롭고 심각한 눈빛, 무거운 표정이셨다. 죄송스러운 마음이 들었지만 표현도 못했다.

J와 헤어져 밤길 집에 돌아오는 걸음은 허둥거렸다. 대문을 소리 안 나게 조심스럽게 여닫고 방에 들어와 보니 다행히도 할머니는 곤하게 주무시고 계셨다. 그러나 나는 쉽게 잠이 들지 않았다. 아무리 생각해 보아도 미스터리, 미스터리였다.

이튿날이었다. 수업 전 선생님은 아이들로부터 사친회비, 반공생활 책값 등 돈을 걷었다. 걷고 나시더니 전날 밤 함께 선생님을 찾아 갔던 J와 나를 조용히 불렀다. 우리 반 Y네 집에 가서 오늘 사친회비와 책값을 보내셨느냐고 묻고만 오라는 것이었다.

'왜 그러시지?'

선생님이 시키는 대로 산모퉁이를 돌아 둘이는 뛰어갔다. Y 어머니는 마당에서 혼자 콩 타작 도리깨질을 하고 있었다.

"오늘 Y 책값이랑 사친회비 보내셨느냐고 선생님이 물어 보구 오랬슈."

"어이구, 미안허다구 전해 드려. 다음 장날 지나서는 꼭 보낸다구 해라."

돌아오는 길에 왠지 그 어머니에게 죄송하다는 생각이 들었다. 그래도 우리는 선생님이 시키는 심부름만 했을 뿐이었다.

이튿날 선생님은 같이 갔던 J는 모르게 나만 살그머니 부르셨다. 어제 Y가 선생님에게 낸 돈은 모두 작은 네모로 조각조각 접힌 흔적이 있었다고 했다. 더구나 그의 어머니가 보내지도 않았다니 선생님은 Y가 의증 가는 터에 확신을 하신 것이었다. 그리고 아무도 모르게 Y랑 면담을 하셨나 보았다.

Y는 학교에 낸 돈은 빨간 지갑 속의 돈이 맞다고 했다 한다. 멍해지며 순간 의아해졌다.

'아니, 그 여린 Y가 날 무섭고 괴롭게 했던 장본인이라니!'

Y는 우리 반에서 공부는 맨 하위였다. 친구들과도 목소리 한 번 크게 내지 않고 있는 듯 없는 듯 순해빠지고 매사 욕심이 없는 아이였다.

'공부를 못한다고 분별력도 없단 말인가.'

옳고 그른 사리판단조차 하지 못하고 내 지갑을 가져간 Y가 안쓰럽기조차 했다. 선생님은 계속 말씀하셨다. Y는 학교에 낸 돈 외에도 연필 한 다스, 공책 10권, 기타 학용품을 모두 샀다고 했다. 그리고 남은 돈으로 사탕 과자 껌 등 사고 싶은 것을 다 사서 남은 돈이 없다고 했다 한다. 나는 돈보다 사랑스럽게 손때 묻힌 빨간 비닐지갑이 눈에 어른거렸다.

그러나 선생님은 보통아이보다 뒤처지는 Y를 의식하셨는지 심사숙고하는 표정이셨다. 그 때 나는 그 돈을 되돌려 받지 않겠다고 용기 내어 선생님께 말했다. 순간 내게 떠오르는 생각 때문이었다. Y 어머니는 남의 자식들같이 똘똘하지 못한 딸에 대하여 절망하며 지내 오셨을 텐데 이 일을 알고 나면 아픔이 얼마나 더 클까 생각하니 도리깨로 자기 머리를 치며 콩 타작을 할 것 같았다.

선생님은 놀라 눈을 크게 뜨며 나를 바라보셨다. 그러나 내게 또 떠오르는 것은 우리 어머니였다. 어머니와 Y 어머니는 서로 친절하게 지내는 사이였다. 이 일이 드러난다면 두 분은 어떻게 대면하실까. Y 어머니만이 아니고 우리 어머니조차도 서로 민망해질 것이 틀림없었다. 그러나 나의 그런 속내는 선생님께 말씀드리지 않았다. 선생님은 나를 기특하게 여기셨는지, 의중 깊은 계획이 있으셨는지 내 뜻대로 그 어머니에게 말씀드리지 않겠다고 하셨다. 나도 물론 외갓집에서 돌아오신 부모님께 아무 일도 없었던 것처럼 그런 일을 입 밖에 내지 않았다.

그로부터 며칠이 지나 등교시간이었다. 당시 원거리 통학생들은 줄맞춰 함께 등하교를 했었다. 서리가 내린 그 날 아침 맨 앞에 선 6학년 키 큰 남자아이가 대나무(참대미) 끝에 빨간 것을 매달아 흔들며 신작로로 오고 있었다. 뭔지 잘 보이진 않았지만 아무래도 빨강색이 눈에 띄어 교실에 들어가지 않고 앞잡이 선 아이 앞으로 뛰었다. 올려다보니 내 지갑이 틀림없었다.

"너 이거 어디서 났어?"

"왜? 오다가 산모랭이 보리밭에서 뭐가 빨갛게 있길래 주워 왔다!"

산모랭이 보리밭은 Y 집 가기 전 근처, 팔봉교회 밑에 있는 밭이었다.

그렇게 빨강 내 지갑은 빈 지갑이 되어 허연 서리를 맞은 채 밭두렁에서 다시 내 손으로 차갑게 돌아왔다. 지갑도 흔치 않았던 그 때 누구나 탐내며 부러워했던 예쁜 것이었으나 Y는 흔적을 남길 필요가 없다고 생각하고 버렸을까. 그렇다면 멀리나 버릴 일이지 자기 집 주변 밭에다 버린 Y였다.

나는 지갑 겉면의 서릿발을 닦아내면서 텅 빈 지갑에 허망하기만 했다.

그러나 그 일이 있은 후에도 Y는 어떤 죄책감도 느끼지 못하는 것 같은 학교생활을 했다. 내게도 여전히 순한 얼굴로 대했다.

지금 생각해보면 아마 Y는 그 빨간 지갑의 주인이 나라는 것을 모를 수 있었을지도 모른다.

교실 한 칸에 수십 개 책상이 빼곡하게 놓였으니 누구누구 자리인지 지능이 낮은 Y로서는 알 수 없고, 그저 견물생심 빨간 지갑뿐이지 않았을까.

사실이 어떻든 "도둑질한 사람보다 도둑맞은 사람이 더 나쁘다"는 옛말처럼 내가 문제였다.

가족에게까지 숨기며 깡통 저축해서 사리분별력 약한 친구에게 나쁜 일을 하게 만들었으니 말이다. 그러나 다행인 것은 어린 마음이었지만 내 환희의 아성을 미련 없이 허물어 낼 수 있었던 일이었다.

우리 어머니와 Y 어머니 두 분도 늙어 돌아가실 때까지 정겹게 잘 지내셨다.

# 천복을 주셨나 봐요

세종시문화원에서 열린 전국 '사랑의 일기' 시상식에 참석하고 돌아올 때였다. 기차 시간을 맞추려고 조치원역을 향해 급히 걷고 있는데 검정 옷을 입은 작달막한 젊은 여자가 오른 쪽으로 착 따라 안겨 붙었다.

"덕을 많이 쌓으셨네요."

뜬금없는 소리가 가당찮기도 했고 왠지 섬뜩하니 무섭기도 했다. 따라 붙는 그녀를 떼 놓기 위해 더 빨리 걸었다. 그래도 그녀는 계속 내 얼굴에는 인복이 가득하다며 쫓아왔다. 주문을 외는 마녀처럼 보였다. 어둑어둑해지던 때라 더 겁이 났다. 뛰다시피 걸으며 뒤를 힐끔 돌아보았다.

'와, 못 쫓아오는구나.'

겨우 마음을 수습하며 안도하기도 잠시, 건널목 앞에서 어떤 젊은 남자가 나를 기다린 듯 또 내 곁에 바짝 다가왔다. 어디서인지 나왔다며 자기 신분을 밝히는 것 같은데 알아들을 수도 없었다. 그 역시 내 얼굴에 인덕이 가득하다고, 공덕을 쌓은 얼굴이라고 극구 칭찬하며 말했다.

"복을 지으세요. 복을 많이 지으세요."

"네. 알았어요. 차 시간 바빠요!"

뿌리치듯 말했다. 객지에서 낯모르는 남자와 얼굴을 바짝 대고 1 : 1로 상대한다는 것은 머리가 쭈뼛할 정도였다. 세종시에는 그런 젊은이가 어찌 그리 많이 깔려 있는지! 드디어 신호등이 바뀌자 도망치듯 건넜다. 역에 다다라서야 휴우 하고 안도했다.

집에 돌아와 그 이야길 했더니 사이비 종교인일 것이라며 내가 어수룩하게 호구로 보이니까 그렇다고 했다. 기분이 언짢은데 위로는커녕 설상가상이었다. 그러나 그랬을지도 몰랐다. 나는 지금까지 '야물딱지게' 생겼다는 말을 한 번도 들어본 적이 없었다. 어릴 적 별명 중에는 '헤벌이'란 별명도 있었고 '헬렐레하다'고는 들었으니 말이다.

그 후 얼마 지나 고양시여성회관의 서예실에 가던 길이었다. 건널목에서 신호등을 기다리고 있는데 세종시에서처럼 또 멀쩡하게 생긴 청년이 바짝 다가왔다. 생글거리며 친밀한 음성으로 말을 건넸다.

"참, 천복을 타고나셨네요."

내 얼굴에 인복이 가득하다면서 태어나기 이전부터 공을 들인 얼굴이라고 했다. 그리고 나를 빤히 쳐다보며 말했다. 내가 남에게 베풀고 정성을 다해 인복을 나눠도 그 나누어 주는 만큼 대가가 돌아오지 않고 있어서 수행을 해야 한다고 강조하듯 말했다.

'관상쟁이인가…?'

약간 긴장되긴 했지만 동네길이고 대낮이라 전처럼 공포감이 생기진 않았다. 가슴을 펴고 대꾸했다.

"수행하고 있는데요."

반색을 하며 어디서 하느냐고 물었다. 자기들과 함께하는 동지인 줄 알았던 모양이다.

"교회서 하지요."

의외의 대답인지 한 걸음 뒤로 주춤하는 듯하더니 다시 생글거리며 말을 부쳐왔다.

"몇 년이나 하셨어요?"

"65년이요."

"와, 와~. 그럼 권사님이시겠네요."

"그렇죠."

그 청년은 눈을 크게 뜬 후 더이상 말하지 않았다. 마침 신호등이 바뀌었지만 그는 따라오지 않았다.

서예실에 도착해서 그 이야길 했더니 요즘 사이비종교에서는 남녀 젊은이들을 훈련시켜서 영업행위를 한다고 했다. 지나가는 사람들을 우선 멈춰 세우는 수법으로 첫 수순이 인복과 인덕이 있느니, 천복을 타고났느니 한다고 했다. 누구는 강원도 갔을 때, 누구는 청주 갔을 때 그곳에서도 따라 붙더라며 전국에 다 퍼져있다고 했다. 사람을 호리는 말을 해서 어수룩한 사람들이 따라가면 제단을 차려 놓은 데로 데려간 후, 그다음 수순이 또 있다고 했다. 그 제단은 곧 돈 뜯어 내기가 목적이라고 이구동성이었다.

"난 수행 불교인들의 포교활동인 줄 알았어요."

"아이 참, 무슨 불교가 그러나요? 사이비 사기꾼 종교 아르바이트들이라니까요."

매스컴에서도 나오는 것 못 봤냐며 인복, 천복, 공덕 그런 소리 좋아하지 말라고 했다. 그런데도 나는 그들이 내게 했던 말을 조금은 믿고 싶었다. 어린 시절의 어른들도 내 얼굴에 복이 붙었다고 했다. 특히 밥복이 붙었다고 했다. 먹고살기 힘들었던 그 때, 식복이면 더할 나위 없는 최고의 복이었을 것이다. 또 대학생 때는 공주에서 서산으로 오는 버스의 남자 차장이 내가 인덕이 있어 보여 좋다면서 버스비를 받지 않은 일도 있었다. 교장 시절에 함께 근무한 J 교감 선생님도 그랬다.

"집에서 복잡하고 힘든 일도 학교에 와 교장 선생님 얼굴만 보면 다 잊고 평안해져요."

나는 다 이해할 수 없었지만 지금까지도 나를 보면 평안해진단 말을 여러 사람들로부터 많이 듣고 지낸다. 잘해 준 것도 없이 거저 듣는 찬사라 가끔 민망하기도 하다.

어떤 선배 여교장 선생님은 나를 만나면 이런 말까지 한다.

"조 교장을 보고 나면 사흘 동안 기분이 좋다니까."

남편은 날더러 물에다 술 탔는지, 술에다 물 탔는지 알 수 없는 사람이라고 불만스럽게 탓할 때도 있는데 이 얼마나 감사한 일인가.

고양교육청 초등계장을 맡고 있을 때였다. 당시 장학사들은 야근을 밥먹듯이 했다. 어느 날 밤, 10시가 넘자 다른 장학사들은 퇴근하고 인사담당 C 장학사와 나만 남았다. 당시 여러 가지 사건으로 교육청을 힘들게 했던 여교사가 있었다. 그녀의 민원처리로 법원에 소장 답변서를 쓰고 있던 C 장학사는 너무 힘이 들었던지 의자에 등을 기대고 두 팔을 들어 스트레칭을 했다. 피곤함을 달래려는 듯 어릴 적 이야기도 꺼냈다. 불교 신자인 그는 어머님이 신실한 불교 신자였다고 했다. 나도 거들었다. 어릴 때, 우리 집에서는 팔봉산 절에 나를 팔고 불공드리러 가는 할머니를 쫓아 절에 올라간 기억이 있다고 했다. 그는 깜짝 놀랐다.

특근해야 하는 일요일에도 주일예배를 한 번도 빼먹지 않는 철저한 기독교인으로 알았던 내가 그러했다니! 그런데 곧바로 그가 하는 말은 더 놀라웠다.

"아! 그러고 보니 계장님 인상이 영락없는 부처님 상이에요."

지도초등학교 교장 때였다. 여름 방학, 경기도 초등 여교장단이 연수 일정으로 충남서산 가야산 계곡에 있는 마애삼존불을 찾았다. 마애불磨崖佛이란 암벽에 새긴 불상을 말한다.

우리나라는 152기의 마애불이 전국에 산재해 있고 대부분 보물로 지정되어 있다.

그러나 서산 마애삼존불은 국보(제 84호)다. 국내 마애불 중 가장 미소가 아름다워 '백제의 미소'로도 알려져 있다. 층암절벽에 여래입상을 중심으로 오른쪽은 보살입상, 왼쪽에는 반가사유상이 조각되어 있는데 모두 벙글벙글 웃고 있다. 우리 서산 사람들은 이 웃고 있는 마애삼존불을 바위에 새겨놓은 백제인의 예술혼이라며 해미읍성과 더불어 2경의 하나로 자랑스러워한다.

여교장들은 열심히 들여다보며 "어쩌면! 아, 온화하고 아름다운 이 미소!" 감탄일색이었다. 마음이 평안해진다고 입을 모았다. 나는 여학교 때부터 이 마애불이 익숙해 있는 터에다 덥기도 해서 에어컨 있는 시원한 관광버스로 먼저 들어왔다. 한참 후에야 여교장들이 버스에 올라오기 시작했다. 공주교대 후배인 L 교장이 버스에 오르자마자, 앉아 있는 나에게 환히 웃어가며 신기한 듯 소리쳤다.

"조 교장선생님! 어쩌면 마애삼존불이 교장 선생님을 꼭 닮았어요."

"무슨 소리야?"

"정말예요. 틀림없이 똑같다니까요."

내가 마애삼존불을 닮았다 해도 과분한 말인데 거꾸로 마애삼존불이 나를 닮았다니!

말이 안 되는 소리였다. 그래도 그녀는 같은 말을 되풀이했다. 하는 수 없이 그녀를 따라 웃어주었다.

나의 얼굴상이 어떻게 보이기에 많은 사람들에게서 그런 말을 들으며 살아왔을까?

내가 태어날 때는 동네에 교회가 없었다. 다만 팔봉산에는 조그만 절간이 있어서 그 절에 나를 팔고 보살을 수양어머니로 삼았다. 할머니와 어머니는 그 절을 오르내리며 지성껏 깨끗하게 씻은 쌀을 이고 가서 나를 위한 기복 불공을 드렸다. 나를 데리고 갈 때도 있었다. 내 위로 다섯을 잃은 우리 집에서는 그저 죽지만 말고 살아달라는 염원이 전부였을 것이다. 그러던 중 여섯 살 때, 외지에서 키가 아주 작은 할머니가 동네 친구네 사랑방으로 왔다. 이름이 전도할머니였다. 또래들과 그 방에 자주 놀러 갔다. 거기서 성경 이야기를 듣고 찬송을 부르며 하나님께 기도드리는 법을 배웠다.

그 후, 나는 단 한 번도 절에 올라가지 않았다. 내가 가지 않으니 어른들도 발을 끊었다. 그러나 절에 가서 빌었던 할머니와 어머니의 지성에 감천하신 것일까. 나를 지으신 하나님은 그래서 나를 부처같은 얼굴로 만들어 놓으셨는지 모른다. 아마 그게 천복인 것 같다.

# 열무단을 든 교수님

공주읍 금학동은 맑은 개울물이 흐르는 시골이었다. 그곳에서 자취를 시작했다. 학교가 가까워 저녁 늦게까지 별관 오르간 연습실에서 동요를 쳤다. 오빠 집에서 통학할 때 맛보지 못했던 해방감이랄까, 대학생의 자유랄까, 친구들과도 신바람나게 어울렸다.

그런데 문제가 생겼다. 함께 자취하는 K가 너무 부지런했다. 오빠 집에서는 늦잠 자다가 부르는 소리에 일어나 가정부가 해 주는 밥만 먹으면 되었다. 그러나 자취는 그게 아니었다. K는 아침이면 일찍 일어나 쌀을 씻었다. 연탄불 위에서 밥이 익어가건만 쿨쿨 잠만 자는 나를 당연한 듯 놔두고 그녀는 밥상을 차렸다. 고추장멸치볶음, 콩자반 등 밑반찬이 주였기 때문에 밥상은 손쉽게 차릴 수 있었다. 그렇다고 해도 밥 먹자고 깨우면 그제야 간신히 일어나 세수를 하는 둥 마는 둥 밥상 앞에 앉는 내가 얼마나 답답했을까. 나 같으면 매일 그 모양이니 열불이 나서 한마디했을 것이다. 그러나 그녀는 화도 내지 않고 언제나 온유한 얼굴로 평안했다. 나도 양심은 있었기에 영 떳떳하지 않았다. 하지만 내 늦잠 버릇이 쉽게 고쳐지지 않았다. 그러다가 기가 막힌 한 가지 방법을 생각해 냈다.

"시험기간만은 내가 부엌 당번 도맡을게. 그런데 밥이 좀 늦더라도 이해해줘."

한 학기에 중간고사, 기말고사가 있던 터였다. 착실하게 공부하는 모범생 K에게 시험기간 동안에 공부만 하도록 해 준다는 것은 제법 괜찮은 생각이라고 여겼다. 그녀는 내 얼굴을 쳐다보며 미소만 지었다. 어디 그러려면 그렇게 해보라는 낯빛이었지만 지켜질까 하는 의구심도 있는 것 같았다.

그렇게 호언장담한 후, 여름 학기말 고사 일정이 발표되었다. 내가 한 말에 대해 책임을 져야 했다. 정신 차려 아침 기상을 빨리하고 밥도 지었다. 반찬도 묵은김치나 밑반찬만 먹을 게 아니라 신선한 풋김치도 담가 볼까 하는 생각까지 들었다.

일요일, 교회에 다녀온 후 열무를 사러 간다며 혼자 나섰다. 김칫거리를 파는 동네 마트는 아예 꿈도 못 꾸던 때라 30분 이상 걸리는 산성동 시장까지 가야만 했다.

이리저리 골라서 푸른 잎이 싱싱한 열무 한 단을 샀다. 집이 멀다고 했더니 가게 주인은 짚으로 더 단단히 묶어 줬다. 비닐봉지도 없던 때라 민으로 들었다. 돌아오는 길은 바람 한 점 없는 7월 날씨, 무척이나 더웠다. 내리쬐는 오후의 따가운 햇볕은 공주 시내 중동천을 노랗게 물들이고 있었다. 한참 걷다 보니 열무 한 단도 버겁고 무거워졌다. 조심조심 양손에 바꿔 들면서 걸었다. 단을 묶은 지푸라기 밑으로 열무 가시가 손가락도 찔렀다.

덥고 힘들었지만 그래도 시험 기간에는 부엌 당번하겠다는 약속만큼은 멋지게 지키자고 생각하며 천변 따라 걷고 있을 때였다.

"어디 갔다 오나?"

경상도 억양의 소리에 고개를 들어보니 키가 유달리 큰 물리과 김 교수님이 몇 발짝 앞에 서서 웃고 계셨다. 광대뼈가 나온 데다 눈망울은 유난히 검고 컸던 교수님이었다. 말수는 적었으나 웃음 띤 모습으로 학생들과 가까이했던 분이었다. 김치를 담그려고 시장 다녀오는 길이라고 했더니 "맛있겠네." 하며 열무 단 앞으로 손을 내밀었다.

"내가 좀 들어 줄게."

힘들던 차에 반가운 말이었다. 하마터면 얼른 내밀 뻔했다. 그런데 아니었다. 교수님이, 더구나 여름 정장 차림의 남자 교수가 민 열무 단을 들고 학생은 졸래졸래 따라 걷는다는 것은 누가 보든 가당찮고 체면이 서지 않는 일이었다. 게다가 공주는 좁은 바닥이었다.

"괜찮아요!"를 반복하며 사양했다. 그래도 어서 주라며 내민 손을 거두지 않으니 하는 수 없이 열무 단을 교수님 손으로 넘겼다. 씽긋 웃으며 받아 드셨다.

일단 힘들었던 내 팔에는 해방감이 왔다. 발걸음은 가벼워졌고 땀도 가시는 듯했다. 키가 큰 교수님이라 보폭이 넓어서 부지런히 따라 걸었다. 열무 단도 검은 신사복 바지 옆에서 전진, 후진 열심히 움직이고 있었다. 그렇게 천변을 따라 얼마쯤 걷고 있을 때였다.

"오늘, 날 참 덥네."

말씀하는 교수님을 올려다보니 이마에 땀이 솟고 있었다. 민망스러웠다.

"더운데 이리 주세요. 이제 제가 들게요."

"우리 H 교수 집에 들러 시원한 주스 한잔 얻어 마시고 갈까?"

내 말은 아랑곳없이 H 교수의 집에 들르자고 했다. 그 교수라면 내가 수업은 받지 않았으나 학보사 옆에 교수실이 있어서 내게 원고지도 가져간 적이 있는 교수였다. 중동천의 다리를 가리키며 그 옆에 집이 있다고 했다. 하지만 나는 아니다 싶었다. 열무 단을 달라며 그냥 가겠다고 했다. 그러나 땀 식히고 가자며, 열무 단을 그대로 든 채 다리를 성큼성큼 건너가셔서 나도 함께 따라갈 수밖에 없었다.

큰 대문이 있는 한옥에 들어섰다. H 교수는 반갑게 맞아주었다. 함께 살고 있다는 누이까지도 푸성귀 단을 들고 들어서는 김 교수와 나를 환한 웃음으로 맞아주었다.

"길 가다 더워서 왔어요."

누이는 김 교수를 잘 아는지 아주 잘 들렀다며 반짝이는 크리스탈 유리컵에 얼음 오렌지주스 두 잔을 가져왔다. 그때 나는 그 댁의 마루에 놓인 냉장고라는 걸 처음 보았고 그 안에서 나온 얼음 넣은 음료도 처음 마셔보았다. 달고 시원하기 그지없었지만 학생인 나는 조심스러워 그 맛을 다 누리지 못했던 것 같다. 마신 후에 마루에 걸터앉아 대화를 나눴다. 그런데 교수님들 틈에 오래 눌러 앉아 있어선 안 되겠다는 생각이 슬그머니 들었다.

"저는 어서 가서 김치 담가야 해요. 갈게요!"

좀 더 쉬었다 함께 가라는 말을 뒤로한 채 열무 단을 들고 대문을 빠져나왔다. 거기서 자췻집까지는 얼마 멀지 않은 데다 얼음 주스를 먹어서인지 더위를 삭히며 돌아왔다.

열무에 소금을 뿌리며 생각했다.

'김 교수님은 학생일 뿐인 내가 뭐라고! 왜 뙤약볕 더위에 사서 고생하셨지? 아마도 교수님에겐 그게 기쁨이었을 거야. 그러니 체면불구하고 대신 들어주셨지. 아니야, 열무 단을 든 자취생이 안 쓰러 보이셨나? 그래도 그렇지, 슈트 차림에 키는 오죽 커. 그런 무뚝뚝 경상도 남자가 민 열무 단을 들을 때는 창피한 마음인들 왜 없었겠어? 물리실험실 하얀 가운 교수님답지 않게 말이야. 거기다가 땀은 나고 손가락은 따끔거리고 솔직히 그만 들고 싶으셨을 테지. 잠깐 후회했을지도 몰라. 그렇다고 내게 돌려줘 본들 역시 마찬가지일 테니 달라 해도 안 주셨던 건가? 그리고 생각해 낸 게 H 교수 집 얼음 주스였나 봐.'

넉살스레 혼자 묻고 대답하는 동안 어느덧 열무는 숨이 죽어가고 있었다.

"교수님, 고맙습니다." 이 한 마디도 못하고 왔지만 김치 담그는 내내 마음 한복판에서는 감사의 옹달샘 물이 솟고 또 솟아 흘렀다.

지난해부터 충격적인 소식이 계속 뉴스 판을 점령하고 있다. 우리 사회를 흔들고 있는 '미투(#Me Too · 나도 피해자다)' 운동이다.

문화 예술 체육인, 정치가, 군인에 이어 종교인, 대학교수들마저 미투 가해자들로 보도되었다. 심지어 고교생의 스쿨 미투까지였다. 대부분 인지도가 높은 사람들이라 어이가 없었다. 끊임없이 쏟아지는 뉴스에 시청자들이 혀를 차며 경악을 금치 못했다. 그 때 미투 의혹의 C 대, Y 대 등 가해 교수들이 극단의 선택으로 유명을 달리했다고 뉴스는 또 전했다. 자신의 오명에 극심한 부담감을 이기지 못했는지 아니면 벼룩도 낯짝이 있다고 그나마 교육자로서 양심이 있었는지 알 수 없으나 아무튼 비극적인 뉴스였다.

그 뒤로도 전국의 대학에서는 이성을 팽개치고 품위와 인성을 저버린 크고 작은 미투 논란이 불거졌다. 보도되는 내용들이 사실이건 아니건 스승과 제자 사이는 다른 관계보다 그 충격파가 큰 것이 확실하다.

소리장도笑裏藏刀란 말이 있다. 웃음 속에 칼이 감춰있다는 것이다. 이처럼 '미투(#Me Too)' 교수들도 가르친다는 명분 속에 제자를 향해 장도 하고 있었나 보다. '그들은 왜 그래야 했을까? 학자인 교수도 감정을 가진 인간이기에 그랬을까. 바람잡는 것과 같은 순간의 유혹을 절제하여 스승으로 견고하게 설 수는 없었을까….' 뉴스 보도대로라면 수금보다 못한 행위자 스승들. 후안무치厚顔無恥 그들이 안타깝기만 했다.

분개하며 뉴스를 보다가 1966년 공주 자취 시절이 떠오른다. 김칫거리 열무 단을 대신 들어 주며 이마에 땀방울을 닦아내던 교수님!

'공주 하늘 밑에는 그런 교수님도 있었는데….'

오늘의 #미투 교수들에게 가시 열무 한 단씩 손에 들려줘 보면 어떨까? (2018.3)

# 네 탓

할머니는 토요일 오후가 되면 사촌오빠를 기다렸다. 서산읍내 중학교에 다니는 큰오빠였다. 하숙집에서 있다가 주말에야 오는 오빠는 짚부리재, 모래고개, 또 몇 고개를 넘고 넘어서 큰집인 우리 집에 먼저 들렀다. 밥을 먹이고 나면 할머니는 다짜고짜 손자의 윗옷을 벗겼다. 그리고는 아랫목에 놓인 화롯불 위에다 대고 살살 흔들었다. 좌우 안팎으로 돌려가며 조심스럽게 흔들면 내복 안에 붙어있던 뭔가가 떨어져 내리면서 배 터지는 소리가 났다.

"툭! 툭! 투드득."

참깨 볶을 때처럼 튀어 오르다 다시 화로 위로 떨어지는 크고 작은 이들이었다. 옷 솔기를 샅샅이 뒤져서 손으로 잡는 것보다 전멸시키는 데에는 가장 빠르고 쉬운 방법이었다.

오징어 굽는 냄새랄까. 단백질 타는 냄새가 온 방에 가득했는데 그것은 이들의 화형火刑 형장 내음이었다.

"쯧쯧, 같이 하숙하는 애덜한티 옮겨서 이렇지. 그래 얼마나 근시러웠더냐? 에구…."

할머니는 하숙방 친구에게 옮겼다며 연신 안쓰러워하셨다. 다른 친구들도 집에 가면 똑같은 말을 할 것이었다. 그처럼 그때는 누구에게나 몸과 머리에 이가 꾀었지만 내 몸에 이는 그저 남이 옮겨 준 때문이라고 했다.

당시 오빠는 중 2였고 나는 초등학교 3학년이었는데 우리 교실에도 이 없는 아이는 하나도 없었다. 학교에서 선생님이 용의검사를 할 때는 손톱이 긴 지, 세수는 했는지 조사한 다음엔 여학생들의 머리카락도 슬그머니 들춰보셨다. 들춰진 머릿속에는 풀잎에 이슬 맺히듯 머리카락에 줄지어 붙어 은빛으로 반짝이는 서캐는 물론 기어 다니는 이도 보였다.

선생님은 손등이 터져 피가 나도록 때가 끼고 손톱이 길면 한 대씩 쥐어박기도 했으나 머리카락 속에 이가 기어 다니는 것은 그냥 넘어갔다. 어쩌면 말끔한 차림의 선생님 머릿속에도 있는지 모르는 것을 어쩔 것인가. 다행히도 남학생은 초중고생 모두 삭발시대, 빡빡머리라서 머릿니는 없었다.

머리카락에 붙은 서캐는 1주일쯤 지나 가랑니로 깨어났다. 알을 까고 나오면 쭉정이가 된 서캐는 그대로 머리카락에 뿌연 알 껍질로 매달린 채 좀처럼 떨어지지 않았다. 어른들은 그 허연 서캐무더기를 '비지밥'이라고 했다.

서캐에서 하나하나 개체로 갓 깨나온 수십 마리의 가랑니는 머릿속을 무대 삼고 돌아다녔다. 큰 뚝니보다 더 가려웠다. 사람도 어린것들이 더 발발거리며 다니듯, 이도 가랑니가 더 머리통 온갖 곳을 누비고 다니는 것 같았다.

다 큰 머릿니일지라도 몸에서만 기생하는 4mm 족히 되는 통통한 보리 알 같은 슈퉁니보다는 몸집이 작고 까맸다. 큰 몸니거나 작은 머릿니거나 스멀거리며 물어대는 것은 마찬가지였다. 까짓 피 몇 방울 주는 것쯤이야 아까울 것도 없지만 문제는 가려움 때문에 견딜 수가 없는 것이었다.

수업시간에도 남학생은 이곳저곳 옷 속에 손을 넣어 긁고 여학생들은 머리를 수시로 긁적였다. 참다못해 득득 긁어 피가 나는 아이도 있었다.

집집마다 참빗이 있었고, 밤이면 식구들이 옷 벗고 솔기를 더듬는 것은 흔한 풍경이었다. 그러나 이를 다 잡아내기란 쉽지 않았다. 벼룩같이 빠르지도 않아 보이는 족족 잡아 죽이건만 며칠 지나면 다시 생겨났다. 어딘가 숨어 있다가 또 나타났다. 끈질기게 번식하면서 어른보다는 주로 피부가 여린 아이들을 더 괴롭혔다. 운이 나쁘면 발진티푸스란 질병을 옮긴다고도 했다.

그런데 그 대단한 번식력을 단박에 당해내는 장사가 있었다. 디디티(D.D.T)라는 살충제였다. 그걸 뿌리면 이가 견디지 못하고 죽어버리는 것이었다. 어떤 아이들은 그 허연 디디티 가루를 머리에 뿌리고 학교에 왔다. 얼마나 독한지 곁에만 가도 머리가 아플 정도로 쓴 듯 고약한 냄새가 났다. 그러나 득실거리던 이가 없어져 가려움이 사라지는 것은 날아갈 듯 기분 좋은 일이었다. 하지만 그 특효도 잠시. 얼마 후면 주변의 이들이 원정을 와서 다시 터를 잡고 서캐를 실었다. 할머니 말씀대로 친구 탓하기 딱 좋은 일이었다.

그 후 디디티가 발암물질의 독성이 있는 약이라고 세상에 알려졌지만 그 땐 몰랐다. 우선 당장 이를 소탕시키고 가려움을 없애주는 것이 신통하기만 하다는 생각에 그런 극약처방도 부모들은 마다하지 않았던 것이다.

왜 그토록 이가 많았을까. 당시에는 우물도 멀었다. 목욕은 고사하고 머리도 자주 감지 못했다. 물론 비누도 귀했으니 옷에 땟국이 자르르해야 빨아 입었다. 더구나 대여섯 명의 형제들이 한 방에 옴닥옴닥 함께 잤다. 그 밤이 되면 이들이 나들이하고 이사도 하며 잔치를 벌이기 딱 맞춤이었을 것이다. 가정에서도 그랬지만 특히 거지들은 이와 공생하는 삶이었다고 해도 좋았다. 거지들이 양지쪽에서 이 사냥하는 일은 밥 얻으러 다니는 일 빼고는 그들 삶의 전부인 것처럼 보였다.

지금은 재밌는 추억거리나 되듯, 1950년~60년대를 산 우리 친구들은 그 시절 이야기를 웃으며 한다. 그때는 가려움쯤이야 당연시 된 고통이었고 저녁이면 등잔불 밑에서 이 잡는 게 일과 중 하나였지 않느냐고.

그렇게 많았던 이가 중학교에 다닐 때부터는 슬슬 사라졌다. 죽을 때까지 따라다닐 것 같던 그것들이 어떻게 사라진 것이었는지는 지금도 모른다. 그리고 이가 있다는 것은 부끄러움이 되어갔다.

여고 2학년 겨울이었다. 쉬는 시간에 교실 뒤에서 아이들이 모여 수군거리고 있었다. 난로 옆에 앉은 O의 교복 등 뒤에 이 한 마리가 붙어 있다는 것이다. 속옷이 따뜻해지면 옷 밖으로 슬슬 기어 나오는 이의 특성을 아는 터라 우리는 까만 교복에 허연 그게 왜 붙어 있는지 다 알았다. 그러나 아무도 말을 하지 못했고 그걸 떼내 주지도 못했다. 성격 좋고 공부도 잘하고 인물조차 빠지지 않아 친구들의 부러움을 사던 O는 '이 한 마리'의 기억을 남기고 만 것이다.

그런데 그 이는 비단 우리나라에만 있었던 게 아니었던 것 같다. 톨스토이 《부활》을 보면 시베리아의 참혹한 감옥 생활에서도 죄수 노인이 복도의 램프불 아래 발가벗고 앉아서 셔츠의 이를 잡고 있었다고 했다. 또한 쥘 르나르의 〈빨강머리〉 주인공 홍당무도 그랬다. 형과 같이 중학교 기숙사 한 방에서 생활하다 방학이 되어 집에 오면 엄마와 누나는 이가 끓는 홍당무의 머리를 헤치며 살이 촘촘한 빗으로 빗질부터 시작했다. 틀림없이 네가 형에게 이를 옮겨줬을 거라고 구박도 받았다. 형은 그런 동생을 흘겨보며 두 손에 대야를 받쳐 들고 홍당무 머리에서 떨어지는 이를 받았다. 낙하하는 이들은 가느다란 다리를 바동거려 보지만 대야 물에 탄 식초 때문에 금세 죽고 말았다. 화형火刑 대신 수장水葬이었던 것이다.

그렇게 세계적으로 많았던 이들이 강산이 몇 번 바뀌면서 슬슬 사라져 갔다. 우리 삶에서 천연두가 없어진 것처럼 그토록 득실거리던 이도 멸종된 줄로만 알았다. 그런데 최근에 또다시 아이들 머리에 이가 있다는 뉴스가 있었다. 학부모들은 다른 아이한테 옮아와서 그렇다고 울상을 했다. 우리 할머니 말씀처럼 친구 탓이었다. 그렇다면 그 이를 옮겨준 아이는 어디서 또 전염되어 왔을까? 이의 시작과 전염경로가 남 때문이라는 말만으로는 풀리지 않는 수수께끼다.

생각해 보면 금년 초부터 창궐하는 '코로나19' 도 마찬가지인 것 같다.

처음에는 발원지가 우한이라고 하고 중국은 아니라고 했다. 그런데 지금 그런 것은 아무 소용이 없다. 이가 득시글거리던 그때와는 비교조차 할 수 없는 상황으로 '코로나 19'는 팬데믹이 되어 세계 214개국이 들끓고 있다. 그리고 주변의 누구 탓인가를 중요시 했다.

이는 서로 옮겨도 남의 탓이라고 할 뿐 털어내서 화형이나 수장도 시키고 손끝에서 압살도 했다. 누구에게서 옮았다고 할 뿐 굳이 따지지도 않았다. 그런데 코로나는 누구에게서 감염되었는지 역학조사로 추적해서 밝혀내고 증명한다. 따라서 격리를 시키며 전염 예방에 최선을 다하고 있다. 그런데도 과학의 힘은 아직 코로나를 예방하고 박멸시킬 수 있는 백신은 만들어 내지 못하고 있다. 코로나가 일상을 바꾸고 새로운 일상을 만들어가는 이때 이를 몸에 지니고 살았던 일상과는 달리 두렵고 절망스럽기까지 하다. 여북하면 성경 출애굽기에서 애굽에게 내린 세 번째 재앙이었듯이 코로나도 재앙만 같다고 말하는 사람까지 있다.

이런 상황에서 요즘 우리나라는 '코로나19는 네 탓이다.'란 뉴스가 연일 보도되고 있다. 내 몸의 이가 남의 탓이듯이, 행정당국과 국민, 여·야 정치인들 간에는 겁박이다, 책임 회피다! 서로 감염 원인이 네 탓이라고 공방하며 도마뱀 꼬리 자르기를 하고 있다. 이 여름 초강력 태풍으로 수재민들은 망연자실하고 있는데 서로 비난하며 코로나에 네 탓 붙이기만 하고 있으니 이 역시 재앙만 같다.

그렇지 않아도 '내로남불'이 만연된 시대에 행운은 내 탓, 재앙은 모든 게 네 탓으로 돌리기 선수인 사람들에겐 절호의 유용 수단인 코로나가 얼마나 고맙다고 여길까.

온몸에 이가 스멀거리는 것 같다. (2020)

# 버려지는 껌

어렸을 때 나는 껌을 만들어 씹었다. 송진껌과 밀껌이었다. 추위가 풀린 봄날이 되면 소꿉친구들과 함께 소나무가 울창한 동네 산에 올라갔다. 대부분의 소나무 껍질 밑동 부분에는 희끗희끗하기도 하고 노르끼리한 진액이 흘러내린 채 굳어있었다. 우리는 그걸 손가락으로 긁어 한 입 가득 넣고 씹었다. 솔향기가 나는 송진껌이었다.

초여름이 되면 밀껌을 만들어 씹었다. 우리들 키보다 큰 밀이 누렇게 익어갈 때면 누구네 밭이랄 것 없이 우리들은 주인 몰래 이삭 목을 똑똑 꺾었다. 손바닥으로 비벼가며 입으로 후후 키질을 해서 껍질을 날렸다. 그러면 조그만 손바닥 위에는 채 익지 않은 밀알만 남았다. 입에 털어 넣고 씹으면 비릿한 하얀 물이 나왔다. 그 물을 뱉기도 하고 삼켜가면서 씹노라면 입안에는 침으로 반죽된 밀껌만 남았다. 처음에는 쫀득한 맛이 있지만 몇 번 씹고 나면 금방 진기가 빠졌다.

송진껌도 마찬가지였다. 그렇게 물컹거릴지라도 껌이라며 좋아했다.

우리는 이렇게 흐물거리는 껌을 쫀득거리게 하는 방법도 알고 있었다.

"애들아, 끈제기 따러 가자!"

끈적이 나무가 있는 산으로 몰려갔다. 자그마한 나무에는 진청색 열매들이 송알송알 달려있었다. 그게 끈적이였다. 다행히 나무 키가 낮아서 쉽게 딸 수 있었다. 한 움큼씩 따서 열매 껍질을 벗겼다. 속에는 희고 얇은 점막이 딱 달라붙어 있었다. 쉽게 분리되지 않는 그걸 고사리 손끝으로 정성껏 빼냈다. 그리고 송진과 밀껌이 든 입에 같이 넣어 씹었다. 그러면 신통하게도 졸깃졸깃해지는 것이었다. 우리는 신바람이 나서 진짜 껌이 되었다고 기뻐했다. 그러나 그것도 잠시, 얼마가 지나면 끈적이 효과도 사라지고 다시 진기 없이 흐물흐물해졌다. 그쯤 되면 별수 없이 길바닥에 내뱉어야 했다. 그리고 며칠 지나 다시 같은 방법으로 껌을 만들어 씹었다.

그런 자연산 껌 말고 내가 츄잉 껌을 처음 만나 본 것은 초등학교 1학년 때였다. 6 · 25 휴전이 되던 이듬해 시골 팔봉국민학교에 입학해서 맛 본 진짜배기 껌, 그것도 미제였다. 당시 우리나라는 세끼 밥을 먹지 못하는 사람이 많았다. 세끼는 고사하고 두 끼도 시래기죽만 끓이는 집도 있었다. 그런 우리나라에 미국에서는 구호물자를 보내왔다. 처음 학교에 배분된 것은 소량의 인스턴트 구호식품이었다.

담임 선생님은 우리 학급에 배정된 그걸 두 손으로 가슴에 안고 교실에 들어오셨다. 교실 한바퀴를 쓰윽 둘러보고 몇 명을 앞으로 불러냈다. 반 아이들은 선생님 손에 들린 그게 무엇인지 알았다. 초롱초롱한 눈으로 나를 비롯해 모두가 호명 당하기를 바랐지만 허사였다. 더 가난했다고 여기는 서너 아이를 골라서 나눠줬던 것 같다.

쉬는 시간이 되자마자 기대에 낙방한 아이들은 선생님에게 선택받은 행운아들 책상으로 우르르 몰려갔다. 의기양양해진 그들 앞에 불청객인 우리는 무작정 서 있었다.

한 아이가 영어로 뭐라고 쓴 손바닥 반 크기의 납작한 봉지를 찢었다. 그 아이를 둘러쌌다. 봉지 안에든 짙은 갈색 가루, 저게 뭘까? 아이는 보란듯이 혼자 검지로 찍어 먹었다.  그런데 웬일인지 둘러싼 우리에게도 한 번씩 찍어먹으라고 선심을 썼다. 그러나 정작 쓰고 괴상스런 맛이라니! 모두들 얼굴을 찡그렸다. 뒷맛까지 이상해서 혓바닥을 내밀며 입을 쩝쩝거렸다. 지금 보니 일회용 커피였다.

'간쓰메(통조림)', 사탕, 초컬릿은 그림의 떡이었다. 책상 속에 넣고 아예 내놓지 않았다. 그러나 그중에서 하얀 설탕이 숭얼숭얼 묻은 진자주색 손가락 모양 껌만은 우리들의 표적이 될 수 있었다. 모두 한 입만! 한 입만! 하면서 몰려들었다. 하지만 아랑곳없었다. 마치 제왕이나 된 표정으로 혼자만 입에 넣고 단물을 쪽쪽 빨아 넘겼다. 별수 없이 모두들 둘러서서 아지작거리는 그 입만 쳐다보았다. 그런데 그러했던 상황에서도 웬일이었을까. 나에게만은 입안에 든 껌을 뚝 떼어줬다. 어린 마음에도 친구들한테 민망했다. 그러나 특혜를 받아 처음 맛본 달달한 미제 껌! 그야말로 송진껌이나 밀껌과는 천양지판으로 달랐다.

수업시작 종이 땡! 땡! 울리면 각각 제자리로 돌아갔다. 그러나 아이들 마음과 눈길은 그 껌에 가 있었다. 그러다가 다시 끝 종이 나기가 바쁘게 아이들은 또 그 옆으로 몰려갔다. 씹었던 껌은 밤톨만하게 책상다리에 붙어 있었다. 그걸 보란듯이 떼어 다시 입에 넣었다. 아이들은 헛침을 꿀꺽꿀꺽 넘기며 '한 입만! 한 입만! 한 입만 줘.' 참 체면도 뭣도 없는 구걸을 했다. 그러나 단물이 나오는 껌을 입속에서 내놓지 않았다. 몇 차례 구걸 뒤에야 드디어 입속에 든 껌의 일부를 엄지 검지 끝으로 쪼끔씩 뜯어내어 애원하던 아이들 입속에 넣어줬다. 이미 단물은 거의 다 빼먹고 아귀가 아플 정도가 되니 버리고 싶은 껌이었는지도 모른다. 그러나 껌을 입에 받은 아이들은 송진껌 밀껌에서 맛보지 못한 아직 남은 박하향과 쫀득한 느낌이 신기해서인지 눈을 반짝이며 옴씰옴씰 씹었다. 더구나 한 입만! 애원해도 못 받은 아이들에 비하면 선택을 받았으니 더 그러했으리라.

그러다 공부시간이 되면 여름 나무에 매미 붙듯 자기들 책상다리에 작은 껌딱지들을 붙였다. 다시 떼어 씹고 또 붙이고 그렇게 하루 이틀이 지나도록 줄기차게 씹었다. 그렇게 씹어대도 쫀득하기는 여전했지만 단맛도 향내도 다 없어진 걸 계속 씹자니 힘들었다.

그토록 매력 있던 미제 껌이 시들해졌다. 결국 책상다리에 붙이던 걸 운동장에 나가 퉤하고 내뱉었다. 달면 삼키고 쓰면 뱉는다는 것은 당연한 일이었다. 흙바닥에 내동댕이쳐진 껌은 애원하던 아이들마저도 주워 씹지 않았다.

30년 전 교사 때였다. 커피타임 시, 대학생 아들 둘을 둔 J 교사는 고민거리를 털어놓았다.

그녀는 결혼 후 아이를 낳자 육아가 문제였다. 시어머니는 짓던 농사를 버려두고 손자를 키워줄 수 없다고 했다. 잘사는 큰오빠 집에서 편히 지내고 있는 친정어머니에게 간청할 수밖에 없었다. 늦둥이 막내딸이 직장에 나가는 게 안쓰러운 어머니는 즉시 딸네로 왔다.

그 후 아들 둘은 외할머니 손에서 자랐다. 유치원부터 고등학교를 마칠 때까지 20여 년을 정성스럽게 뒷바라지했다. 그런데 손자들이 대학에 들어가니 할 일이 없어졌다. 대신 장독대가 반질반질 윤기가 났다. 딸의 살림이 아니라 구석구석 당신의 살림이었다.

그런데 어느 날 남편이 말했다.

"아무래도 시골 어머니 모셔와야겠어."

"예? 그럼 우리 어머니는 어떡하고!"

"장모님이야 잘사는 아들 있잖아. 아들네로 가시면 되지."

어이가 없어 말도 못하고 멍하니 바라보는 그녀에게 남편은 말했다.

"이제 농사일도 못 할 만큼 아픈 어머니를 누가 모셔. 내가 모셔야지!"

"……."

시어머니 오시는 게 싫어서가 아니었다. 20년 넘게 함께 살며 육아랴, 살림이랴 다 해 주느라 늙고 체력마저 약해진 어머니를 이제 와서 그 손이 필요 없어졌으니 오빠 집으로 보내라는 남편이 어이없고 야속했다.

'오실 때 감사했던 초심을 어떻게 헌신짝 버리듯 할 수 있담. 배은망덕도 유분수지.'

20년 어머니의 헌신을 외면하는 남편 생각에 출근해서도 괴로웠다.

그렇다고 혼자 사시는 노쇠한 어머니를 모시겠다는 남편 뜻도 틀린 일은 아니었다. 밤잠을 못 이루며 여러모로 생각해도 두 어머니를 함께 지내도록 할 수도 없었다.

무엇보다 20여 년 전, 딸네로 떠난 어머니를 오빠와 올케가 받아들일지가 가장 큰 문제였다. 아니나 다를까 생각대로 오빠 집에서는 반가워하지 않았다. 어머니도 아들네로 가기 싫은 기색이 역력했다. 딸네 집이 그냥 내 집이었다. 그러나 가장인 사위의 뜻이 그러하니 서러워도 별 수 없었다. J 교사는 억지로 보내드리는 날짜를 잡아놓고 우수마발牛溲馬勃이 된 어머니를 향해 울 수밖에 없었다.

J의 이야기를 듣는 동안 나는 어릴 적 운동장에 뱉어버렸던 껌들이 아스라이 떠올랐다.

그 후에도 측근에서 J 교사 경우와 같은 일을 두 번이나 보았다. 주변에는 이런 사례가 없지 않은 게 사실이다.

그런데 요즘 노부모들은 아예 요양원으로 보내지기도 한다. 안방 내놓고 문간방에서 지내다가 거동 불편해지고 정신이 오락가락하면 어쩔 수 없이 타의로 가족을 떠나 새 식구들을 만나야 하는 것이다.

나는 그동안 몇 차례 요양원에 가 볼 기회가 있었다. 얼마 전에도 통일로 연변에 있는 요양원에 교회에서 방문하는데 함께 갔다. 거기 있는 노인들은 대부분 험난한 기아의 세월을 겪으며 허리가 휘게 자식을 키웠던 분들이었다. 이제 먹고살만 한 새 세상이 되었는데! 얼마나 허망하고 고독할지 외로움에도 안식이 있다지만 모두 휘청대는 허수아비 같았다.

같이 간 딸에게 어머니는 집으로 데려가 달라고 애원했다.

"생명이 있는 한 희망은 있다." 영미 속담이 떠올랐다.

그러나 같이 간 딸은 내 생활도 있어 어쩔 도리가 없다고 했다. 그러면서 동기간 모두가 부모에게 할 만큼 하였고 한계점까지 인내했다고 명분을 세웠다. 불효인 건 알지만 가족들이 궁극적으로 내린 판단이고 여기에 모신 것은 최선책이라고 했다. 이해는 갔지만 나는 그 변명에 브레이크를 밟고 싶었다. 하지만 그 상황에 처해 보지 않은 호강스런 편견인지도 모른다.

그러나 요양원을 나오면서 땅바닥에 뱉었던 미제 껌이 새삼 생각나던 것은 무슨 까닭이었을까. 지금도 데려가 달라 절절히 애원하던 그 어머니 목소리가 잊히지 않는다.

# 딱한 사람들

경기도 송탄에서 서울로 이사 온 이듬해였다. 남편 사무실에 풍채 좋은 한 중년 남자가 찾아왔다. 비싸 보이는 양복에 넥타이까지 맨 그는 인상이 좋고 인품도 있어 보여 영락없는 신사였다. 어떻게 알고 왔는지 송탄 우리 상가를 임대하고 싶다고 했다.

단독주택을 짓고 살 때 대지에 여유가 있어서 지은 조그마한 상가였다. 1층 세 칸 중 세탁소와 미장원이 있었고 가운데 칸은 비어있던 터였다. 그곳이 욕심난다며 한약재상을 하겠다고 했다. 업종도 좋은 데다 서울까지 찾아와 준 것이 마치 굴러들어온 떡 같았다. 그러나 그가 요구하는 보증금이 너무 적었다. 옆 상가와 맞춰주면 좋겠다고 하니까 흔쾌하게 그보다 더 올려드리겠다고 했다. 중개인 없이 임대차계약서를 작성했다. 그러나 계약금은 자기가 제안한 보증금 십분의 일만 가져왔기에 돈이 좀 모자란다고 했다. 부족분은 곧 드리겠노라며 정중하게 말하고 돌아갔다. 그런데 계약 잔금은 물론 중도금 날짜가 되어도 감감소식이었다. 무슨 일이 있나? 예감이 좋지 않았다. 그러나 사정이 있겠지 하고 기다렸다. 송탄에 내려가보고도 싶었지만 쉽게 내려갈 형편도 아니었다.

얼마 후, 남편은 바쁜 틈을 내서 내려갔다. 한약재상 간판은 이미 걸려 있었다. 그러나 문은 잠겨있었다. 옆 세탁소에 들러 상황을 물었다. 세탁소 주인은 밑도 끝도 없이 가만 계시라며 성급히 나가더니 삽시간에 대여섯 명을 몰고 왔다. 인근 지물포, 연탄 가게, 고무신가게, 쌀집, 식당 등 영세한 자영업 가게 주인들이었다. 그들은 모두 분노의 얼굴로 흥분해 있었다. 무슨 그런 사람에게 세를 놓았냐고 다짜고짜 남편에게 따졌다. 서로 다투어 하소연했다.

'딸그만집'이라고 불리는 식당 아주머니가 차근차근 말하자며 자초지종을 말했다.

"세상에, 한약재상 개업한다며 빈 가게 문을 열고 청소를 시작하더라구요. 그리고 집집에 찾아와 인사를 했어요. 인상이 좋고 얼마나 희여멀끔하던지! 우리들은 이 변두리에 한의원이 들어온다니 동네가 살겠구나 하고 모두 좋아했어요."

그렇게 한의원이 들어온다는 소문을 떠들썩하도록 쫙 퍼트렸고 동네 사람들은 좋은 이웃이란 친근감을 굳혀 갔다는 것이다.

어느 날은 '○○ 한약상회'란 상호가 찍혀 있는 트럭이 한약재를 가득 싣고 왔다. "어휴 저 많은 약재를!" 감탄하며 동네 사람들은 운전기사가 짐을 내릴 때 요청도 하지 않는데 거들었다.

가게 안에 약재 자루가 가득히 쌓여가는 걸 보며 꽤 크게 하는 사업이라고 생각했고, 남의 일이지만 덩달아 좋았다. 그런데 다 하차하고 나서 운전기사와 한약재상 주인이 옥신각신했다.

"오늘 주셔야 해요! 주셔야 한다니까요."

"지금 준비가 덜 됐는데 어쩌나, 미안해요. 내일이라도 은행에 들러 직접 갖다 드릴게. 지금 시간은 은행 문도 닫혀서요."

"안 돼요. 오늘 중으로 사장님께 입금시켜야 해요. 그렇잖으면 제가 짤려요. 짤린다니까요."

한약재상 주인은 지금 있는 돈이 부족하다며 진지하게 애원을 했다. 하지만 기사는 요지부동이었다. 지금 돈을 안 주면 한약재를 도로 싣고 가겠다고 으름장을 놓았다. 동네 사람들은 그 모습이 딱하고 안타까워 보였다.

드디어 개업을 앞둔 그는 일을 도와준 이웃들에게 도움의 손길을 내밀었다.

"귀한 한약재라서 저러는데 그냥 싣고 가게 할 수는 없네요. 낼 바로 갖다 드릴 테니 있는 대로 빌려주시면 고맙겠어요. 잠깐이지만 사례는 섭섭잖게 해드리겠습니다."

골목 장사지만 그래도 사람들은 집에 돈이 나름대로 있었다. 2km, 3km 떨어진 곳에 상업은행과 농협은 있었지만 손쉽게 이용할 거리가 못 되는 데다 은행 통장에 입출금을 별로 하지 않던 시절이기 때문이었다. 얼마나 예의 바르게 사례까지 하겠다면서 도움을 청하는지 배운 사람은 다르다고 믿었다. 이집 저집에서 있는 대로 가게 돈 통을 털고 장롱 속에 깊이 묶어 묻어둔 돈뭉치를 들고 왔다. 50만 원, 100만 원, 누구는 300만 원까지.

빌려준 사람들은 사례까지 얹어 곧 줄 것이란 믿음 때문에 며칠을 기다릴 동안에는 서로 이야기하지 않았다. 그러나 그가 한동안 얼씬도 하지 않자 서로 묻기 시작했다. 그런데 알고 보니 그들 외에도 각개로 상대해서 빌려준 사람도 있었다. 어이가 없었다. 그래도 이제나 저제나 마냥 기다렸다. 소용이 없었다. 사기당했다고 결론을 낸 그들은 백방으로 찾아보기 시작했다. 아무리 노력해도 신원을 알 수가 없었다. 운전기사와 으시딱딱 짜고 친 고스톱을 모르고 걸려든 자신들이 애통터졌다.

'도깨비에 홀려도 유분수지, 못된 사기꾼놈들! 알탕갈탕 모은 그 돈이 어떤 돈인데….'

그 돈 생각을 하면 자다가도 벌떡 일어나졌다. 그야말로 초순건설焦脣乾舌의 괴로움을 겪고 있었다. 그러던 차에 집주인이라도 왔으니 얼마나 구세주 같았을까.

잠긴 자물쇠를 부수고 함께 들어가 보는 수밖에 없었다. 안에는 40kg

들이 정도 되는 마대 자루가 차곡차곡 쌓여 있었다. 그러나 한약 냄새는 전혀 나지 않았다. 웬 한약재가 이렇게도 많을까? 인삼 녹용 보약으로 값이 나가는 거라면 피해 주민들에게 다소 도움이 될지도 모른다는 생각으로 자루 끈을 조심스레 풀기 시작했다. 숨죽이며 모아진 동네 사람들의 눈길에 손끝이 뜨거울 지경이었다.

아뿔사! 약초포대가 열리는 순간 동네 사람들은 방방 뛰었다. 왕겨가 가득했다. 두 번째 자루는 톱밥, 그다음은 약간 무게감이 있어 이건 뭐지? 열고 보니 볏짚으로 썬 소여물에 모래를 간간이 섞어 놓았다. 열어도 열어도 나뭇잎이랑 알 수 없는 마른 잡초 등 쓰레기만 담겨 있을 뿐 어느 자루에도 한약재라고는 없었다.

마지막까지도 설마설마하던 그들은 주저앉고야 말았다.

계약하러 왔을 때 호감가게 번듯하던 그의 얼굴, 그 풍모에서 어떻게 이런 모사謀事가 나왔단 말인가. 그 사람 속에 감춰진 것은 온통 번지르르한 거짓말뿐이었다. 계획적으로 저지른 악업에 어떻게 사함을 받을 수 있을지 남편은 충격이 컸다.

그 사기꾼이 참 딱한 사람이란 생각이 들었다. 그러나 더 딱한 것은 이웃들이었다. 애면글면 모아둔 돈을 삽시간에 잃어버린 순진무구한 저들을 어떻게 해야 한단 말인가. 집주인이라고 해서 그 돈을 변제도 할 수 없고 이도 저도 딱하기만 하다고 했다.

예나 제나 세상에는 거짓된 삶을 살아가는 딱한 사람들이 많다.

오늘 아침 당혹스런 신문기사도 그랬다. 만백성의 진실을 판단하는 사법부 수장이 거짓말로 딱 잡아떼기를 했다고 했다. 원인은 자리싸움이었을까. 탐욕 위선 비양심의 3중주가 어울려진 충격음이었다. 포대에 담긴 가짜 약초처럼 거짓이 상대의 음성녹취를 통해 백일하에 드러나면서 그 당당했던 법조계의 영웅이 순간 일그러진 영웅이 되었다. 고개 숙인 뉴스 사진을 보며 그도 참 딱한 사람이란 생각이 들었다.

아무튼, 현직 시절에 도의 윤리 생활은 물론이고 매 정권이 강조한 정의사회 구현을 열정적으로 교육했던 내가 신문을 읽을 때마다 아연해지곤 한다. 이 서글픔이 우리 미래 세대들에게는 정말로 부끄럽고 딱한 일들을 겪지 않는 기적이 되기를 염원할 뿐이다.

# 소통을 원치 않는 대화

오늘 조금 늦게 서예실에 갔다. 조심스럽게 문을 열고 들어서니 선생님을 둘러싼 채, 여럿이 무슨 이야기를 한참 나누고 있었다. 들어보니 전화국의 지역번호였다. 041은 충남이고 042는 대전이라고 글씨를 잘 쓰는 남자분이 아주 자랑스럽게 말하고 있었다. 누군가가 또 물었다.

"그럼 043은 어디예요?"

내게 물은 것도 아닌데 끼어들었다.

"거긴 충북예요."

친정으로 전화를 할 때는 041을 돌리고 대전에 사는 4촌들에게는 042를 앞에 찍어 전화하곤 하는 나는 공사(04)만 들어도 괜히 신바람이 났다. 충청도 지역 번호를 모르는 이곳 경기도 서예 동료들에게 나도 모르게 가르치듯 설명했다. 그 남자분도 043은 충북, 맞노라고 맞장구를

쳐 주었다. 순간 그가 충청도가 고향인가 싶어 반가운 생각이 들었다.

우리나라의 많지도 않은 팔도 중에 충청도라고 하면 40여 년 전 떠나온 고향이 그리워서인지 괜히 더 가깝게 느껴지는 것은 나의 평소 마음이었다. 010시대에 충청 지역 번호를 그리 잘 알고 있는 것으로 미루어 보아 동향일 것이 분명하다고 생각했다. 어릴 적 고향의 추억담을 나눌 수도 있을 것 같아 다가가 반갑게 물었다.

"J 선생님, 고향이 어디세요?"

"고향요? 난(낳은) 데가 고향이지요."

그는 시큰둥하게 내 물음을 뭉개버리고 서실을 나가버렸다. 함께 있던 사람들이 깔깔거리고 웃었다. 그러나 나는 얼마나 머쓱하던지. 얼마 전 있었던 일까지 떠올라 씁쓰름하기조차 했다.

친한 친구가 남매를 두었다. 학교도 안 들어간 7살짜리 딸이 오빠보다 야무지다고 늘 자랑을 일삼았다. 어느 날 내가 전화를 했을 때 그 딸이 받았다. 평소 상냥한 편이 못 되는 나이지만 부드럽고 친절하게 물었다.

"엄마 있어?"

"없어요."

"그럼 진영이는 지금 뭐하고 있어?"

"전화 받고 있잖아요!"

농으로 치기엔 너무 똑부러진 대답에 말문이 막혔다. 아무리 똘똘하다지만 어색하고 아연해졌다. 한 대 얻어맞은 기분이었다.

'그 아이 내면에 품고 있는 근원은 무슨 색깔일까? 순진무구한 자체라고 보아야 될까.' 그렇게 전화 받는 게 아니라고 가르치고 싶었지만 그러지 못하고 끊었다.

태어난 데가 고향이라고 대답한 그 사람이나 지금 전화 받고 있지 않느냐는 친구 딸의 말이나 말의 억양이나 분위기에 따라 유머가 될 수는 있다. 그러나 어떤 소통조차도 원치 않는다는 단절의 뜻도 들어 있다.

같은 말이라도 '아' 다르고 '어' 다르듯 그들과 훈훈한 대화가 되었다면 얼마나 좋았을까.

# 꽃 없는 꽃가게

전철에서 내려 집으로 오는 길에는 상가의 가게들이 즐비하다. 둘레둘레 쳐다보며 걷는 재미도 있었다.

어느 날, 손님이 거의 없어 보이던 닭집의 우중충한 간판이 안 보였다. 며칠 후 그 자리에 꽃집이 들어섰다. 언뜻 보아도 밝은 바탕의 간판과 흰색 인테리어가 세련되고 깔끔하기 그지없다. 진열대 안에는 온갖 꽃들이 풍성하게 어우러지고 전기 장식까지 반짝이는 황홀함은 사람들을 그냥 지나칠 수 없게 했다. 나도 발길을 멈추고 한참 동안 서서 쇼윈도 안을 바라보곤 했다. 색색 장미랑 프리지어, 안개꽃, 국화…. 꽃들이 큰 단지 안에 소담스럽게 꽂혀 있고 금방이라도 누구를 맘껏 축하해줄 수 있도록 준비된 꽃바구니와 리본 달린 꽃다발이 가득했다. 그도 모자라는지 대형 사각 유리 냉장고 안에는 울긋불긋 생화들이 싱싱함을 자랑하고 있었다. 그야말로 아름다운 꽃무리의 축제장이었다.

얼마나 됐을까. 꽃집 앞을 지나는데 가게가 휑했다. 가득했던 꽃들은 사라졌다. 엉성한 진열대를 쳐다보는 게 안쓰러워 외면하면서 걸었다. 생화는 누구 손에든 빨리 팔려나가야 하는데 그렇지 못하고 시들어가는 꽃들을 바라보며 주인은 얼마나 마음이 아팠을까. 조물주 위에 건물주란 말이 있듯 만만찮은 상가 임차료도 내 일처럼 걱정이 되었다. 손 털고 갔다는 닭집이 안타깝더니 마찬가지로 애잔한 마음이었다. 그렇다고 딱히 꽃을 살 일도 없었다.

마침 교회 권사 취임식을 하게 되었다. 축하 꽃이 필요했다. 조금이라도 그 집의 매상을 올려줄 기회라고 생각하니 어쩐지 기뻤다. 농협 로컬푸드 꽃코너가 저렴했지만 그 꽃집으로 갔다. 아가씨인지 결혼했는지 긴 머리를 늘어뜨린 젊은 여주인이 무덤덤하게 맞이했다. 좀 맥이 빠졌다. '어서 오세요' 꽃처럼 화사한 웃음 인사를 기대라도 했던가 보다.

'원래 성품인가? 장사가 안 돼 신바람이 안 나 그런가…?' 의아스러웠다.

매장 안에 눈길을 끄는 것은 파란 리본을 달고 옹기종기 모여있는 빨간 포인세티아였다. 눈치 있는 여주인이라면 내가 고르는 곳에 가까이 와서 꽃에 대한 설명과 더불어 추임새도 있으련만 컴퓨터 앞에서 딴청을 하고 있었다. 포인세티아 화분 두 개를 골라 값을 치르고 연노랑 쇼핑백에 담으니 생각보다 예뻤다.

"나는 너무 예쁘고 좋은데, 우리 권사님들이 좋아하시려나 모르겠어요."

넌지시 동의를 구했으나 역시 아무 대꾸도 하지 않는다. 괜스레 헛소리했다고 생각되니 어색하고 겸연쩍기도 했다. 그래도 축하해 줄 마음에 기쁘게 양손에 들고 나왔다.

영하 10도 밑으로 기온이 내려가고 살을 에는 유난히 추운 날이 계속되었다. 길바닥은 반질반질 얼어붙어 우리 나이에 낙상하면 큰일난다고 조심스레 걸으라는 것이 당부였다.

이 강추위에 둘째 아들의 딸이 초등학교 졸업을 한다. 내가 학교에 근무할 때에는 봄방학을 하는 2월에 했는데 요즘은 겨울방학을 시작하는 1월 혹한기에도 졸업을 시키는 모양이다.

태어난 지 엊그제 같은데 벌써 졸업이라니. 예쁜 꽃으로 예쁜 손녀의 졸업을 축하해 줄 생각에 마음이 들떴다. 더구나 그 꽃집 매상에 한 번 더 보탬을 준다는 기쁨도 있었다.

꽃집은 우리 아파트 정문에서 길 하나만 건너면 모퉁이 빌딩 1층 첫 집에 있다. 가깝다는 여유로움 때문인지 어스름이 내려앉을 때 집을 나섰다. 댓 발짝만 걸으면 꽃집 계단이라 아스팔트 큰길 가운데로 갈 필요가 없었다. 인도 끝에서 길가 공공 하수로관이 지나는 4~50여 센티미터 폭의 좀 낮은 시멘트 길로 내려섰다. 어둠 때문인지 줄 그어 놓은 노란 페인트 선도 보이지 않았다.

한 발짝 두 발짝 걸으며 꽃집 간판을 올려다보는 순간이었다. 갑자기 쭈욱 하면서 혼비백산이 되었다. 순식간에 날벼락 같은 일이 일어나고 있었다. 지나가던 사람들이 아이구, 아이구! 하며 웅성거리는 것 같았다. 정신을 가다듬자 얼음판 위에서 반은 자빠진 채 오른손으로 꽃집 계단을 짚고 있는 내가 보였다. 눈앞이 캄캄해지는 절망스러움과 부끄러움이 범벅되었다. 조심하지 않은 내 탓이라고 희미하게 여겨지고 있을 때 낯모르는 서너 명이 나를 둘러싸고 부축해 일으키려 했다. 그중 젊은 두 사람이 바싹 나를 껴안아 반질반질한 얼음판 위에 똑바로 앉혔다. 부부 같아 보이는 그들은 내가 부모 연배로 보였는지 안타까워했다.

"괜찮으세요? 어이구~어쩌다."

아무 대답도 할 수 없었다. 그때 내 눈의 동공은 초점이 없었다. 그저 몽환 상태였다.

잠시 후 남자 소리가 들렸다.

"여기 모자 좀 씌워드려."

남자가 어디서 모자를 주워 왔는지 여자는 내 머리 위에 다독여 씌워줬다. 그때야 정신이 좀 났다. '모자까지 벗기는 초고속 스케이트 바람을 날리며 미끄러졌다는 말인가?' 참 희한했다. 다른 행인과 달리 떠나지 않고 지켜보는 그들에 멋쩍고 민망했다.

"고마워요. 내가 일어날게요. 괜찮으니 얼른 가셔요."

그들은 정말 괜찮으시겠냐고 염려하면서 얼음판 위에 주저앉은 나를 두고 갔다.

혼자 일어서보려 했다. 그러나 일어설 수가 없었다. 다리에 힘이 가지 않아 계단에 얹힌 오른손을 짚고 일어나려 했다.

"우와악~~!"

오른쪽 팔이 칼로 째듯 했고 손목은 부러졌는지 떨어져 나가는 것 같았다. 아들 셋 산통이 이만했을까! 그래도 주춤주춤 추슬러가며 한참 시간 걸려 일어섰다. 그나마 다행인 것은 오른쪽 엉치에 통증은 있지만 걸을 수 있었다. 체면이고 뭐고 없었다. 신음 반 울음 반으로 꽃집에 들어갔다. 의자에 앉아 컴퓨터 모니터를 보고 있던 여주인이 일어섰다. '어서 오세요' '왜 그러세요?'라고 물을 법도 했으나 입 다문 채 나를 그냥 쳐다만 보았다.

손녀 졸업 축하 꽃을 사러 오다가 바로 요 앞에서 넘어졌노라고 울상으로 하소연했다. 그녀는 혼잣말하듯 한마디했다.

"사람들이 거기로는 안 다니던데요."

'참 본새라고는, 거리의 행인만도 못하구나….'

그러나 그녀 말이 맞는 말이었다. 눈 다 녹은 아스팔트 길을 두고 좁은 하수로 빙판길로 걸을 사람은 없다. 동네라고 안심하고 어두운 그 길로 내려선 내가 잘못이었지만 그렇게 말하는 그녀가 어찌 야속하던지. 하지만 손녀 졸업 축하 꽃을 사러 왔으니 예쁜 걸 골라야 했다. 무심코 오른손으로 매장 진열대의 꽃 한 송이를 들었다. 집어 올리는 순간 으악 소리가 절로 나올 만큼 통증이 오른손 손가락 끝까지 미쳤다. 계단을 짚었던 오른쪽 팔과 손이 넘어지는 전신의 무게를 다 받았나 보다. 꽃을 고르는 동안 오른손에 낀 검정 장갑 등 부분이 수북하게 올라왔다. 너무 아파서 장갑을 벗어볼 수도 없었다. 점점 심해지는 통증에 엎드려 절받기 위로라도 받고 싶어 여주인에게 장갑 낀 손등을 내밀었다.

"이것 보세요. 탱탱하게 올라왔어요."

그러나 멀뚱한 채 무관심한 표정 그뿐이었다. '얼마나 아프셔요.' '어떡하면 좋아요!' 다감한 한마디만 들어도 덜 아플 것 같아 그랬건만….

오른손이 건드려지지 않도록 조심조심 이 꽃 저 꽃 살펴보았다. 머리에 학사모를 씌운 인형 꽃다발이 있었다. 그림을 잘 그리는 손녀라서 좋아할 것 같아 그걸 골랐다. 매겨진 정가대로 꽃값을 내면서 엉뚱하고 치졸한 생각을 해보았다.

'자기 가게 앞에서 낙상 사고를 당했으니 끝에 붙은 2천 원은 깎아 주지 않을까?'

지금 생각해도 그 발상에 픽 웃음이 나온다.

그녀는 기계적으로 신용카드를 긋고 꽃다발을 내밀었다.

"쇼핑백이 떨어졌어요. 그냥 들고 가세요."

그녀의 말에 화를 낼 뻔했으나 마음을 가다듬었다.

"신문지라도 둘둘 말아주세요."

오른손은 이미 마비 상태이고 왼손으로 엉거주춤 안고 가야만 하는데 만약 떨어뜨리기라도 한다면 신문지라도 한 번 싸는 게 좋을 것 같아서였다.

내 말대로 탁자 밑에서 신문지를 꺼내더니 둘둘 말아서 줬다. 그걸 왼손으로 간신히 받아안았다. 축하 기쁨을 홀랑 앗긴 채 가슴에 조심스레 안고 나오는 내가 참 한심했다. 손님은 왕이라는데 나가는 뒤꼭지에 나마 잘 들고 가라는 인사 한마디 없는 어두운 꽃집….

그런데 그 와중에도 어떤 곳이 나를 미끄러뜨렸는지 계단에 멈춰서서 살펴보았다. 세상에 이런 일이라니! 꽃집에서 설치한 삼성 냉 · 온방 에어컨 실외기에 엄지손가락 굵기의 베이지색 호스가 두 줄 달려 있고 거기서 조금씩 조금씩 물을 흘려 내보내고 있었다. 그 물은 노란 선 안의 낮은 하수로 길에 고여 시멘트 색깔과 똑같이 희뿌옇게 두꺼운 빙판을 만들어 놓고 있었다. 어두웠으니 보일 리가 없다. 그 물 흘림이 낙상 원인이라고 생각하니 더 어처구니가 없었다. 왼쪽 어깨로 유리문을 밀치고 다시 꽃집에 들어갔다. 다른 사람을 위해서도 그냥 갈 수 없다는 판단이었다.

"실외기 물을 받는 양동이를 놓든지 해야지요!"

호스 물 빙판 탓에 사고를 당했다는 힐책이었지만 여주인은 아랑곳하지 않고 힐끗 쳐다보는 둥 마는 둥 목석 로봇에게 하듯 한마디했다.

"앞으로 모래라도 뿌려 놓을게요."

그나마 소 잃고 외양간이라도 고친다니 다행인가. 그 집에서 나와 빙판을 또 멀거니 쳐다보았다. 그런다고 아픈 손이 낫는 것도 아닌데 그러고 있었다. 서서 생각하니 당장 일상생활이 제일 걱정이었다.

몇 해 전 고양 법원에서 조정한 민사 사건도 떠올랐다. 가게 앞 눈을 쓸지 않아 손님이 미끄러져 상해를 입었고 피해자는 가차 없이 가게 주인에게 손해 배상을 요구했던 일이었다. 그런 사건은 법원에서 종종 마주하고 원 · 피고 간 화해조정을 한다. '남들은 그럴지라도 나야 그럴 수 없지.' 엉거주춤 오른손을 배 위에 얹고 눈을 끔벅거렸다.

한 달이 넘도록 오른손을 못 쓰며 고생했다.

요즘도 그 꽃집 앞을 지나노라면 풀었던 긴 머리를 묶고 컴퓨터 앞에 앉아 있는 여주인이 보인다. 그러나 형형색색 풍성하게 어우러졌던 꽃무리는 볼 수 없다. 대신에 흰 벽 한가운데줄 하나 띄워놓고 시든 꽃 말려 묶었는지 퇴색한 꽃다발 열댓 개가 걸려 있다. 진열대에도 고작 생화 다발 대여섯 개가 띄엄띄엄 놓여 있을 뿐이다.

왜 저토록 썰렁하게 되었을까. 코로나 시대 불황이 원인일 수도 있겠고 무슨 까닭은 있을 것이다. 그런데 나는 그 꽃집 앞에만 가면 왠지 성경의 로마서 12장 15절이 읊조려진다.

"즐거워하는 자들과 함께 즐거워하고 우는 자들과 함께 울라."

권사 취임 축하 포인세티아를 샀던 날이나 손녀 졸업 축하 꽃을 사러 갔을 때나 그 꽃집은 그러지 못했다. 따뜻한 미소와 이야기가 담긴 꽃송이…, 그랬더라면 나는 행복한 마음으로 단골손님 되어 드나들었을 것이다. 단편적인 두 번의 경험으로 왜곡 판단하는지는 모르겠다. 하나를 보면 열을 안다고 다른 손님에게도 그녀는 부득인심不得人心이지 않았을까 하는 생각이 든다. 사람은 '냉수 한 그릇에 눈물 나더라.'는 말처럼 하찮고 작은 일에도 마음이 돌아선다.

아무튼 우리 동네 아름다움을 자랑하던 그 꽃집의 삭막하고 휑한 공간이 안쓰럽다. 꽃향기와 더불어 주인의 공감 높은 온기가 퍼져나가 손님을 많이 불렀으면 좋겠다.

다시 그 집에 희망찬 꽃 무지개가 피어오르길 소망해 본다.

5부

# 고향 내음 흙내음

# 내 고향 향내

내 고향은 충청남도 서산. 서산군 내에서도 여덟 봉우리 산 이름을 딴 팔봉면이다. 너새니얼 호손의 '큰 바위 얼굴'처럼 팔봉산은 매일 바라보고 살았지만 서산군 18개 읍면 중에 변변한 가게 하나 없는 가장 낙후된 깡촌이었다. 다른 면과 달리 초등학교는 양길리에 있고 면사무소는 어송리, 지서(파출소)는 구도라는 작은 항구가 있는 바닷가 호리, 관공서 세 군데가 10리 밖에 각각 분산되어 있었다. 그래서인지 거주 인구가 집결이 안 되어 가장 발전이 늦다고들 했다. 그런 곳이니 중학교는 있을 턱이 없었다.

버스, 전기도 1970년대 중반, 서산군 중에서 제일 늦게 들어왔다. 그렇게 개화가 늦어서인지 고향 사투리는 유독 진했고 인정도 더 순수했던 것 같다. 그 시골뜨기인 나는 부모님 덕에 서산읍내 중학교로 유학을 시작하여 공주교육대학을 다녔다.

1학년 때였다. 사회과 학생들이 여름방학에 서산지방의 방언 조사를 한다고 서산 태안 일대를 다녀왔다고 했다. 개학 후에 그들은 입을 모았다.

"조춘호 말만 들어도 다 될 걸! 괜히 갔다 왔어."

'옴머이, 내가 워치게? 월마나 사투리를 썼으면 개갈 안 나는 말덜을 헌다?'

졸업 후에도 첫 발령으로 모교에서 7년을 근무했으니 팔봉 고향 사투리는 여전한 내 언어였다.

결혼 후 경기도 송탄으로 전근하여 1학년을 담임했을 때였다. 입학식 날 학부모들은 누가 아이들 담임이 되었는지가 가장 큰 관심사였다.

"딸, 누가 담임 됐어?"

"응. 이름은 모르고 그 충청도 사투리 쓰는 여선생."

그러나 몇 년 지나면서 고향 사투리는 은연 중 줄어들고 점차 서울말을 써갔다.

그 후에도 서울 인근 광명시에 근무했으니 제법 서울말에 익숙해졌다. 친정엘 가도 동네 사람을 만나면 자연스럽게 서울말 인사가 나왔다.

"아저씨, 그간 안녕하셨어요?"

"아이구 조 선상 아뉴? 원제 오셨대유?"

그 순간 깜짝 놀라며 나의 숨어 잠겼던 고향 사투리 스위치는 자동으로 작동되었다.

"어지 밤이 왔슈."

"그간 잘 지셨쥬? 애덜두 근강허구유."

"예. 모다 잘 지냈슈."

"그러구 저러구 교감은 되셨대유?"

"아뉴. 뭇 됐슈."

"옴머이 저런! 챙간 같긴 헌디 여적 안 되셨다구유?"

"얘. 그냥 선생유."

"뭐여어, 시상 천지 웬일이래유? 암체두 무신 조화 숙(內)이 있능가뷰."

"아뉴. 될 때 있겄쥬."

"아하, 겡기도(京畿道)루 올라가셨다더니 빽 읎서서 그렇구먼유. 겡기도 사람들 미깔맞네유."

"아뉴우. 그건 아뉴. 얼추 되가유."

"참 개갈 안 나네유. 여긴 조 선상 후배 C 선상두 버얼써 교감 된 걸유."

"거긴 안민도(安眠島) 슴이 갔다 왔다 소리 들었슈. 슴(島) 점수 있으면 쉽게 되유."

"그런감유? 그레두 그렇지. 조 선상 핵교 댕길 때나 애덜 갈칠 때 실력 물르는 사람 워딨슈."

"아유, 벨 말씀을 다 허시네유 ."

"워칙허나, 충청도에 기냥 기셨더라면 일찌감치 되구두 남으셨을 텐디, 서방님 따러서 즌근(轉勤)헤설래미 그렇구먼….”

그 후로 나는 한참 만에 교감이 되어서 고향에 갔다.

“인저서 교감 됐슈. 슴 점수랑 벡지(僻地) 점수가 낮어지는 바람에 덕봐서 됐구먼유.”

“그러먼 그렇겄지. 겡기도에서두 어련히 알어 교감 맨들었겄슈. 워디 가나유. 그레두 그간 월마나 애상 받치셨대유. 뭣 때미 그랬나 물르지먼 진 세월 지달리먼서 천상 가심숙 많이 상허셨을 테쥬.”

“선생이서 교감되기까장은 쉬운 일이 아녔슈. 갱신히 됐다니께유.”

“그렇지먼 조 선상 재주야 앵길리(陽吉里) 사람, 아니 팔봉민민(面民)이 다 아는 건디유.”

“아유, 그런 게 워딨슈.”

“어허, 어릴 때버텀 우덜이 다 알자뉴. 뭐 겡기도 갔다구 비은(變)허겄남유?”

“고마우유.”

“그류, 넘 뭇잖은 조 선상이 그간 씰개 빼 놓구 지둘르며 기셨을 텐디 인전 잘됐슈. 축하디류.”

“고마우유.”

“그러구 저러구 여기 배까티 있을 게 아니라 즈이 집으루한티 들어가시쥬.”

“웨유? 직끔 여기서 뵌 거류.”

"니열(來日) 가시나? 농사 진 마늘 좀 몇 통 디려 볼라구유."

"아유. 갱가찮은디유. "

실로 괜찮았지만 아저씨 뒤를 따라 들어설 수밖에 없었다.

"아이 오메는 그이 잡넌다구 아침절이 갯뻘 갔슈. 집안이 응망진챙이구먼유."

"농사 짓넌 집이 워딘 안 그런가유."

"옴머이, 여기 말레 탑새기랑 티껌부락지 좀 봐. 슷제 질바닥버덤 더허면 더허네."

"탑새기 있어두 갠차뉴. 기냥 두슈. 털먼 몬태미만 올러오유. 되배랑 깨깟헌디유 뭘."

"애, 댐삐락이 하두 드러서 되배는 막뎅이 동상이 와서 헤줬슈. 갈량이 서너 달 됐쥬 아마."

"그 동상 솜씨가 원체 종개뷰. 되배두 힘든 건디."

"기유. 매사 엄청 션션헌 아우유."

마늘 타래미를 엮어 달은 헛간으로 가는 아저씨.

"작년인 마늘농사가 숭년였유. 그런디 올인 쫑 지럭지두 질구 튼튼허더니 알두 아주 실허구 굵유."

"워쨌거나 심디려 지신 농산디유. 갠찮당께유."

"뭘유, 여기야 마늘이 맨 긴디유. 저 참이 둔 아십구 글랑 숙(內)이 벼서 몇 접 냈슈. 마늘끔두 쏠쏠허니 갱가찮더라구유."

“그렁께 저 주지 말구 한푼이라두 돈 사 쓰슈. 촌이지면 호랑 비면 헛헛혜유.”

“아이구 모처럼 오셨넌디 즌빵 가봐야 그렇구, 시상(世上)이 뭐 디려볼 게 있이야쥬.”

“그러먼유. 증 주실라면 굴르지 말구 짝은 걸루 째끔만 주슈.”

고르지 말라 했건만 헛간 흙벽에 꿰 달린 마늘 타래들을 요리저리 뒤적거려 알 굵은 것으로 골라내는 손. 관절이 튀어나온 농사꾼의 악마디진 손….

“어이구, 비료 푸대배끼 읎네. 타래미루 대충 쩜맸응께 집이 가서서 가세루 짤러가꾸 비느루 봉다리다가 잘 담으슈이.”

“애, 되꾸유. 증말 고마우유. 잘 먹겄슈. 경상도 의성 토종마늘 좋다구 장사꾼덜이 꿰쉬싸두 스산 마늘만 헌게 워딨슈, 최고랑께유.”

“그렇대유, 스태안(서산 태안) 육쪽마늘 좋다닝 건 서울사람 시절텡이두 다 안다덩거류. 벨거 아녀두 잘 잡숫겄다니께 좋구먼유.”

비료 포대를 안고 오는 뭉클한 내 가슴에서는 알싸한 마늘 냄새가 풋사랑처럼 솟아올랐다.

사투리도, 순수한 인정도, 세상의 아우성이 들리지 않는 내 고향만의 진한 향내였다.

자욱이 번지는 이 정 담긴 향내, 내가 나눠야 할 곳은 어디일까.

▲옴머이 : 어머나 ▲워치게 : 어떻게 ▲천상 : 하는 수 없이 ▲어지 : 어제 ▲가심 : 가슴 ▲갱신히 : 간신히 ▲직끔 : 지금 ▲배까티 : 바깥에 ▲얼추 : 거의 ▲챙간 : 참견 ▲미깔맞다 : 밉살스러운 데가 있다 ▲시상 : 세상 ▲우덜 : 우리들 ▲씰개 : 쓸개 ▲애상 바치다 : 속상하거나 기분이 안 좋다 ▲인전 : 이제는 ▲때미 : 때문에 ▲니열 : 내일 ▲탑새기 : 먼지 ▲티껌부락지 : 티끌 ▲숫제 : 차라리 ▲질바닥 : 길바닥 ▲몬태미 : 먼지 ▲한티 : 함께 ▲말레 : 마루 ▲그이 : 게 ▲동상 : 동생 ▲시절(텡이) : 바보 ▲글랑, 호랑 : 호주머니 ▲즌빵 : 상점 가게 ▲개갈 안 나다 : 영 아니다 ▲갈량 : 대충계산 ▲숭년 : 흉년 ▲지럭지 : 길이 ▲갱가찮다 : 괜찮다 ▲댐삐락 : 벽 ▲되배 : 도배 ▲가세 : 가위 ▲쩜매다 : 묶다.

# 뭐여

조선왕조 설계자라고 불리는 정도전을 아시남? 그 양반이 조선팔도 사람 특징을 늑자성어(四字成語)루다가 나타냈다구 허넌디 고거이 직끔까지 네려오는 말이랴. 워디는 진흙탕 숙이서 싸우는 개처럼 강인헌 성격이라구 이전투구(泥戰鬪狗)라 허구, 또 워디는 대나무 같은 굳은 절개라는 뜻으루 송죽대절(松竹大節)이라고 혔댜. 그러구 워디한티는 바람 앞에 하늘거리는 가느다란 버드나무 같다구 풍전세류(風前細柳)라 일렀다넌디 기(그) 중이서 충청도는 맑은 바람과 밝은 달처럼 부드럽다구 청풍명월(淸風明月)이라 혔다네. 이 말은 자기 생각대루 짌은 모냥인디 글씨(글쎄) 요새 시상 같으먼 지역감정 부칭긴다구 혼줄날 것두 같구먼.

워쨌던 정도전 말대루 허자먼 충청도 사람들은 부드러워 그런지 양반입네 허구, 화가 나두 뭐여! 한마디루 몽땅 우아허게 통헤 뻔진댜.

무에냐구 물어보는 뭐여? 라먼 물러두 말여. 좋구 반가워두 뭐여, 미섭(무섭)구 놀

랍구 황당헤두 뭐여 한 마디먼 두루뭉술 맴이 다 나타난다니 근분(根本)버텀 멍청도가 맞긴 맞내벼. 워쨌거나 그래서 '뭐여'를 마법 단어라구들 헌다넌디, 충청도 중이서두 딴 디보덤 스태안(瑞山泰安) 이랑 당진 사람덜이 더 많이 쓰는 편이랴. 뭐여 나두 스산 토배기 아닝감. 그래서 '뭐여' 보재기 반쯤만 풀어 볼라구 허네.

## 시상만사(世上萬事)가 그려

**뭐여~**. 웨 이러능겨. 웨덜 자꾸 이레싸. 벨거 아니구 칡뿌린디유. 칡뿌리? 섯바닥 침이 절루 도네. 어제 반굉일(半空日)이라 애덜 데꾸 새재굴 산이 가서 캤슈. 뿌렝이가 아삭아삭 알뱄더라구유. 한 자루 캐왔넌디 여자덜 몸에 좋다넝거라 아주머니 생각이 나서유. 아서 그러지 말어, 캘라먼 월마나 공디렸을 텐디…. 땅숙 짚이 배긴 건 아무나 뭇 캐어. 즈이덜 뿌럭지끼리 엥켜서 끄트리꺼정 캐기가 여간 심들어. 이건 댑다 크구먼. 담 장날 내다 팔먼 솔솔찮이 둔두 될 텐디말여. 아뉴, 뿌레기랑 깨깟이 다듬어서 볕 따땃헌 말레 앉어 지늘어(씹어) 보슈. 암만, 고맙기야 한량읎지. 저번 참이는 동구 오메가 뻘 가서 조개 긁었다구 개깟(바지락살)을 한 보새기나 갖다 줘서 냉겨가며 잘 먹었어. 워디 개깟을 게기반찬이다 대겄나! 그렇다구 개깟은 대번이(단번에) 잡수야지 낭중이 잡술라구 허다가 맛텡이 가먼 금방 곯어뻰지유. 그건 그려. 워쨌거나 동구에미 애비 이 **고마운** 웬수를 오치게 다 갚는댜. 하 고마웅께 눈물이 날 지겡이여. 나두 경로당 가서 몇 안 되는 마실꾼덜이랑 즘슴(점심) 한 끼는 잘 읃어 먹응께 인저 너머 이러덜 말어이.

**뭐여!** 이게 누구댜. 아니 바깟모랭이서 새앙(생강)농사짓구 살다가 월마 전 제금 나간 식생이 오삼춘 아녀? **반가워** 죽겄네. 시간(세간) 난 뒤루 츰 온 거지? 워치게 이렇게 문길(먼길) 떠났다나? 예. 아주머니 그동안 펜히 잘 지셨쥬? 그럼, 나야 줄창 그렇게 지내지. 그 식구두 모다 근강덜 허구 벨일 웁시 지내지? 그러구 저러구 원제 네려왔댜? 어지 밤이 왔슈. 바빠두 한번 댕겨갈라구유. 마침 잘돼았네. 맨날 있넌 일두 아니구 근너 박서방네서 가이(犬) 잡었다넌디 한두 그륵 보신허구 가면 좋겄구먼. 개 허지? 뭇허유. 원레 그렜남? 아뉴, 전이는 한탱끼 정도루 째끔씩 허긴 헸는디 집사람이 먹을 걸 먹으라고 원체(워낙) 그레싸서 숫제 입이두 안 대유. 인저는 냄새 맡기두 글르덩거류. 어이구 왕텡이(땅벌) 불침 맞넌 거보덤 훨쓴 날 텐디 뭐여~.

**뭐여.** 이 할메더러 그이(게)딱지 발러 달라구? 미깔 맞은 손자눔 숭(흉)좀 봐야겄네. 일곱 살이나 쳐먹은 것이 노나먹을 줄두 물르구 저배끼 물러. 밥상에 그이장(게장)을 보더니 내 코앞이다 밥숟가락을 내밀지 뭐여. 찌그만 게 딱젱이 맛은 안다니께. **뱨딱지**(부아)가 나더라구. 니가 발러 먹어라 혼구녕을 냈어. 나두 구차녀(귀찮아). 내 목구멍이다 밥넴기는 것두 인저는 심들어. 저참이는 쓰르메를 찢어줬더니. 할머니 웨이렇게 맛있대유? 허먼서 잘 처먹더라구. 고게 입맛만 알었지 딴 건 암껏두 물러, 할메가 손자를 **무시**허넝게 숭인 줄은 알지먼 엥간헤야지. 시철텡이(바보) 천치라니께. 구염 받을 짓을 통 뭇혀. 화통 터질 때두 많다니께. 배까티 마실 나가서두 즈이 친구덜한티 꼼짝 뭇허구 집이서만 뒤시럭 떨며 누구 말짝으루 횃대 밑이서 호랭이 잡는 눔여. "나가서 퇴깽이 새끼, 원생이 꼬랑지라두 잡어 봐라." 내가 호통칠 때두 있지. 내 그레봤자 내 말 들을 테간? 신측두 안혀. 그렇게 질 디려(길들여) 놔서그려.

하나배끼 읎는 손자눔이 집이서만 봉창 두들기니 워쩌면 좋겄나 물르겄네.

**뭐여!** 그게 사람이냐구~ 천하에 베락 맞을 눔. 그 뭐시깽인가 즈의 성(兄)가슴팍이다가 대낭구(竹) 빗자락 몽뎅이를 집어던졌댜. 얼러 그게 무신 말이래유? 넘이라두 **분기**탱천헐일 아니냐구! 설마유, 시근(始根)읎시 그렜으까유? 거짓뿌렁같구먼유. 아녀 실지랴, 시상이 그런일두 있다나? 원래 그런 사람이 아녔는디 무신 숙사정이 있었겄구먼유. 동상눔이 논 스마지기 팔어 가겄다니께 선친이 물려준 땅은 선대봉사허구 4대조꺼정은 기지사 모시야 되기 때미 절대 안 된다구 그렜다너먼. 그아우두 그렇지 근너다 보먼 절터를 웨 물렀을까유? 즌답(田畓)팔기는 아즉은 일르지유. 말허먼 뭐허여, 형이 호디게 뭐라구두 안혔다넌디 뎁쎄(오히려) 승깔 부리더랴. 에이구, 이왕지사 니 맘대루 암치기나 허라구 혔으먼 동상눔한티 읃어나 안 맞쥬. 오죽 가심 씨리구 아펐으먼 머리끈 뎅여 매구 곡기 끊구 누워 있으까이. 누가 가봉께 꺼먹 짱아찌 얼굴이 두 눈은 때꾼헤가지구 몰골이 말이 아니더라. 빙원(病院)이나 가보라구 허니께 넘새 부끄러서 워치게 가느냐구 고개 돌리더라능구먼. 가이(犬)되아지만두 뭇헌 인간덜이 시상인 참 많유. 위두 아레두 읎슈. 기여, 그렇다구 족 칠수두 읎구 시상이 말세여. 벨수 읎잔유. 넘이 집안 일잉께 내비 두야지 워쩌겄슈. 지 인생 지 알어서들 살겄쥬. 근디유, 요새 시상은 그런 일이 쌔구 쌨대유. 그려, 테리비 봐봐, 쌨구말구.

**뭐여!** 슬(설) 때 올러갔던 송서방이 네려왔다넝게 사실인겨? **진짜**루 손동 아베가 네려왔다구? 그렇당께. 증말 뭇살겄다구 내려 왔댜. 어이구 지녁(懲役)살다가 왔구먼. 허기야 서울은 이발소두 꼬부랑 글씨루 써놨다넌디 은문(諺文)두 뭇깨친 사람이 워치게 그런디서 살겄어. 그 보덤은 무신 숙사정이야 있었겄지. 대핵교 나온 메누리한티 밥읃어 먹을 생각은 애시당초 글렀어. 그레두 그렇지 아, 손동이 그놈 "아부지 잘 모시겄습니다."허구서 홀애비된 지아베 땅뙈기 다 팔어서 데꾸 올러 간게 월마 됐어… 천하에 고이연놈. 암체두(아무래도) 무슨 쪼간(事由)이 있긴 있어. 아녀, 걔가 어려서버텀 싹수머리가 벨수 읎섰잖여? 서울서 공부시킬 때버텀 난 벌써 다 알어 봤어. 방학이면 양눔덜 화상 그린 옷이다가 뻘테 앵경쓰구 네려와서 핵교 댕깁네 허구 서울말 써가머 끔(껌) 짝짝 씹구 어깨다 키타 메구 댕길 때 벌써 눈 설었다구. 즈이 아베 풍년봉초 신문지 말어 필 때 그놈은 거들먹거리면서 궐련이나 물구 댕겼어. 공부만 잘 허먼 뭐 허겄나. 숙 짚은 눔 같으면 빼빠지게 일허는 아베 따러서 같이 일허지 그러겄어? 기여, 맞는 소리여. 그렇지먼 생각헤봐, 암만 자식이라두 송서방이 아무러먼 그 걸 물러서 따러 나섰을겨? 아들늠이 가자구 헤쌍께 물르는 척허구 갔겄지먼 홀애비 신세가 오죽 처량허먼 글루 따러 갔었거냐말여. 증 그러먼 장꽌(잠깐)만 댕겨올 일이지. 무르먼 물러두 송서방이 그 땐 구이신이 씌었던게야. 자식늠을 뭘 믿어. 미우니 고우니 헤두 지집이랑께. 에이구, 그나저나 손동 아베, 마누라두 읎구 논밭뙈기꺼정 다 팔어 제꼈으니 입이다 뭘 풀칠허구 산댜. 옆댕이서 봐두 측은헤서 죽겄네. 그럼 워칙헐껴, 그레두 목심(壽命) 질먼 산 사람은 살어.

**뭐여!!** 해필이면 이런 우라질 문제가 나온댜. 하찮은 깨구랑창(개울)두 뭇 뛰어 넘는 거 같어서 승질나 죽을 뻔헸어. 배고퍼도 눙갱이 질근거리면서 어질어질 허게 잠 안자구 셤공부 했단말여. 그런디두 이번참인 일번(금방) 생각이 나야지 당체 물르겄더라구. 암만 생각헤두 배룸빡(벽)이다가 대갈치기여. 천상 암치기나 썼지. 종 치기꺼정 지둘를 순읎서서 고개 수구려 박구 교실 배까티루 나왔는디 낭중이 알구봉께 내가 생각헌 거와는 달븐 문제였더라구. 거진(거의) 가찹게 답이 갔넌디두 정신 뭇차리구 시절(바보)핀 것두 유분수였지 뭐여. 딴 때 같었으면 꺼떡읎시 식은 죽 먹긴디 그렜으니 오죽 숙상허야지. 쑹맥이 따루 읎덩구먼. 그레두 집이 와서 아부지 말씀 들응께 그나마 **짜증**나구 심 쏘옥 빠지던 숙이 뚫리구 맘이 좀 네더라구(놓이다)~.

"그려, 시절피지말구 익끔이래두 똑바루 정신차려. 그런디 걱정마, 점수 잘 나오구 잘 될 겨."

**뭐여~.** 어느 안전이라구 거기다꺼정 손 벌렸댜. 멋물르구 몇 푼 줬다네. 그랬더니 양복쟁이가 나수(넉넉히) 주잖구 이게 뭐냐구 칙갈맞다구 하 구찮게시리 가넌디 마다 따러 댕겨서 그 민장(面長)양반 겡장히 망신스러웠었댜. 아이구우 월마나 **황당**허셨으까유. 노상 눈꼽재기 붙어대린 그 거렝이가 천방지축 들구날디 물르구 쫓어댕기는 건 스산(瑞山) 바닥 애 으른 헐 거 읎이 다 알잖유. 근디 그 민장양반은 웨 물렀으까유? 그레기말여. 꼬마지(부스럼) 더덕더덕 달구 댕기는 그 멩물(名物)을 워쩨 물렀는지 참! 글쎄기말유. 누구누구 헐 것 읎시 제꺼덕 주잖구 야짓잖다(좀스럽다)구 생각되먼 그여히 쫓어 댕기잖덩감. 맞유. 그렇게 손 내밀다가 션찮은 다리루 넘어지먼 일써줘! 일써줘! 소락지 질르구유. 그렇지, 그레서 제우제우(겨우) 일써노먼 또 손 내밀구~. 그류. 시상 겁나능게 읎시 뭇말리는 작자유. 읃어 먹는 밥두 쟁변(쟁반)바치잖으면 절단나유. 퇴짜 놓더라니께유. 그러니 오죽허먼 벨멩이 오강문이 겼어. 소이경 봉사두 다 아는 스산 멩물딴지 오강문이를 물른다먼 우리 고향 사람두 아녀. 그려 안그려? 그류, 맞유.

**뭐여,** 아산 곳곳이 프랑카드가 걸렸다구? 얘, 그 뭐신가 KTX라구 허넌거 정거장 때미 그런대유. 나두 알지먼서두 그 역전을 아산, 일루다 맹글었잖여, 우리가 월마나 지둘렀어(기다렸어). 그런디 뭐여, **워쩌자구**

천안역이라고 이름짓자넝겨? 그렁께 아산 군민덜이 난리덜이쥬. 허긴 시상 욕심이 다 그런 거지, 그래 뭐라구 써 붙였덩감? 지가 외가꾸 왔넌디 이렇게 썼더라구유.

"암만 형님이래두 내 집이다가 형님 문패 달면 좋아 허겄남유?"

암, 맞넌 말 아녀? 맞구말구유. 워쨌거나 나랏일 허는 높은 양반덜이 알어서 이름 져 놀텡께 우덜은 장꽌(잠깐) 지둘러 보는 수배끼….

## 요즘 시절이 수상혀

**뭐여?** "워치게 허면 된다구?" 천상 물어 볼 수배끼 더 있남? 아, 저참이 막둥이 아들놈이 이 애비한티 스마또뽄이라나 뭬라나 신식 즌화기루 바꿔 주잖었겄어. 그런디 워치게 쓰는 건지 암껏두 물르겄더라구. 밤이면 카톡!카톡! 잠깨라는 깨똑! 깨똑인지 잠을 잘 수 있으야지. 원체 물릉께 여기저기 묻구 댕기는 게 일이구먼. 근디 마침 반겡일 날 중핵교 댕기는 큰 손주눔이 지지배 동상 데리구 왔걸래 너 이루와 할아베좀 갈쳐 줘 봐. 워치게 허면 소리좀 안나게 허느냐구 바짝대구 물었지. 그렜더니 여기 눌루구 고담은 종 그림 여기 눌루구 갈쳐는 주는디 손구락을 하두 빨리빨리 왔다갔다 헝께 알수가 읎덩구먼. 그레두 또 **뭐냐**구 묻구 묻구 허잖았겄어. 실은 경로당 가서 늙은이덜헌티 아는 체 좀 할 갈량으루 더 그렜어. 아 그런디 손주 눔이 헐 수 읎이 갈쳐는 주면서두

이 할애비가 싸게싸게 뭇알어 먹으니 숙으룬 답답허구 싫었던 모앵이 지?

"니열(來日)모리 또 갈쳐 주께유. 우덜(우리들) 가유."

허면서 기냥 지 지지배 동상 데리꾸 내빼뻐리더랑께. 노다지 있는 일두 아닌디 워찌 섭섭헤야지, 구엽다구 헤봐야 소용읎능겨.

**뭐여?** 그 지지방구리(계집애)가 또 아수(아우) 탄다구? 옴머이! 그게 진슬(眞實)여? 애애. 저두 듣긴 들었슈. 요새 시상 참 반가운 소리라 **감동**스럽더먼. 싸게싸게 낳야지! 잘했다 잘했다! 어여어여 낳거라! 했지. 암만 딸 싯(三)은 있지먼 그레두 꼬추 달린 눔 하나는 나와야잖겄냐. 백일날 떡 버티구 앉어서 꼬추 내놓구 찍은 사진, 가꾸(額子)헤서 걸어 놔 봐. 월마나 좋을텨, 시상 부럽게 웂지. 맞넌 말씀이긴 헌디 말유, 직끔 닛(四) 낳는 쑹맥이 워디 있남유? 허기는 흔찮다구 덜 그레쌌네. 모다덜 낳지 말라는 뜻인디…. 그렁께 우리 나라 출산율이 요로큼 말두 뭇헌다구 테리비가 떠들쥬. 그렇지먼 생각헤보게, 두 눔이 만나서 하나두 안 맨든다넝게 무슨 그런 벱(法)이 있어, 말이나 되는 소리여? 제다 그러니 참 개갈 안 나는(종잡을 수 없는) 시상여. 이러다간 낭중인 지사 지내줄 눔두 읎구 뭐여! 시상 망쪼 아녀. 맞긴 맞는 말씀인디유. 요새 새닥(새댁)덜이 애 두셋 낳는다능건 다 틀렸슈. 저 근너 양서방네 딸두 하나 낳구 말잖유. 그레기말여, 전수(全部) 다 그 모냥여. 어이구, 많이 낳넌다구 동네방네 댕기면서 젊은이덜 꼭꼭 묶어줄 때가 그레두 사람 사는 시상였어~.

**뭐여~!** 아이구 **기쁜** 소식이네. 지서방네 딸 저참이 셤봤다넝거 증말루 붙은겨? 얘얘. 진짜구 말구유. 공무원시험 합겍증이 증말 핀지루 왔대유. 워따메! 어려서 핵교 댕길 적이 에노구(물감) 하나 벤벤히 뭇 가꾸 댕긴 애여. 그렇다구 펜대 굴려 먹은 집두 아닌디 증말 개천이서 용났네그려. 그 셤이 하늘에 벨따기보덤 어려운거라는디 시상천지 웬일이라나. 허긴 째끄말때버텀 심퉁(心通)했던 애여. 커서두 넘덜 기경거리 찾어 쏴 댕길 때 그 초압헌(좁은) 방이서 공부허너라 장딴지에 쥐가 다 난다더니…. 한 번이나 봐두 새악씨가 세꼉(石鏡:거울) 한번 안 디려다보구 노상 엷구리다가 책만 찌구 살더니만 그여히 헤냈네 그려. 그 것두 1급보덤 높은 9급이래유. 그레기 지성이면 감천이여 아이구 베슬했네 베슬했어! 워쨌거나 인저 나랏듄 먹게 생겼구먼. 늙어 죽을때꺼정 공무원연금두 타 먹는대유. 암만, 딸이래두 직끔버텀 지서방네는 팔자폈네그려. 지서방 마누라 인저는 건거니 하나다가 찬물에 보리꽁뎅이 밥 한술 말어 먹는둥 마는둥 허구 저자거리 앉어서 '이 참지름 진짜배기유. 사 잡숴 보랑께유.' 안헤두 되겄네. 풀물 들은 몸뻬두 벗어 내삔지라구 헤야겄어. 그러구 저러구 참 넘이 일 아니구, 동네 경사일세. 그럼유, 익끔(只今) 동네선 모다덜 꽹매기 치구 난리덜이유.

**뭐여!** 스산바닥꺼정 코로나 확진자가 생겼다구 누가 그려? **날베락** 일세! 지둘리지두 않는디 워떤 눔이 와서 퍼치구 간겨. 벌써 돌구 있다니께 암만 걱정헤봐야 말짱 헛거유. 어이구 온 시상이 워쩌다가 이 모냥 요꼴이 났다나. 그나저나 한 번 걸리면 호디다구 배까티 나가들 말구 꼼짝말구 쳐박어 있으래유. 노상 집이만 워치게 있다나. 그레두 행여 나갈 땐 주뎅이 꼭 쳐매구 나가야 헌대유. 늙은이는 민역읍서서 죽기 십상이라구유. 그렇다구 노인네가 다 시상 뜨는 건 아닐게여. 지 명이 진눔은 그 빙걸려두 안 가. 인명은 재천이란 말 괜시리 있겼어? 모다 팔자 소관이지. 워쨌거나 우라질눔의 돌림빙유. 조심허랑께 벨 수읎이 입마개 몇 개 사다 놨구먼유. 시상이 무슨 죄루다가 요모냥꺼정 됐다나, 보구수푼 자슥들두 맘대루 뭇 보구, 손주덜 호삼(기분 좋게 흔듬)한 번 뭇태워 주구 이렇게 뎅그마니(덩그러니) 갖혀 살어서 뭐허여~. 그레기나 말유.

**뭐여!** 서울 아빠또가 10억 간다넝게 진짜여? **놀라** 자빠지겄네. 그렁께 모다 미쳤다구덜 그러잖유. 글씨(글쎄) 김서방네 큰 아들이 그런 집이서 산대유. 진슬(眞實)여? 애. 그 아빠또는유, 밥은 고만두구 찌개꺼정 반질반질헌 그 즌기렌진가 뭔가 위에다 올려놓구 헤먹는대유. 옴머이 시상이, 그 아들은 구락쟁이다가 생솔가지 때면서 코꾸녕 새깜허니 눈물 흘리며 밥허던 오메가 생각 나까…? 그러구유 뒤(大便)보는 디두 두 개나 된대유. 뭔소리라다나, 집안에 칙간이 두 개 있다 소리여? 애 애, 그렇대유. 어류, 워치게 생기먼 그 큰걸 물구 있으까이. 그렁께 비싸구먼. 그레두 그렇지 대체 논 몇 마지기두 아니구 몇섬지기 값이란 말여. 그나 저나 껄부셍이(털검불) 같던 촌떼기래두 저 지변(주변)머리 좋아 서울

올려가서 떼 둔 불었응께 그런 집 살쥬. 그렇긴 그레두 즈이 오메아베는 언감생심 지와집은 관두구 스레또 지붕 한번 꿈두 못 꿨어. 하꼬방만두 못헌 옴팡집. 이엉 올려 가머 평생 치(키)까불른 검부락지 탑세기(먼지)나 허옇게 뒤집어쓰구, 즐기(冬)마저두 쉬들 못허구 새내끼나 꼬먼서 살었는디 아들은 10억 아파또? 기절헐 일이네. 그런디 사넌 아들은 끼니 간디 웁시 땀 질질나는 여름이두 벤벤헌 난닝구(메리야스) 하나 못 걸치구 땡볕 밭고랑만 파던 즈이 부모 생각은 못 허겄쥬? 말허먼 뭐허여. 일허다가 증 더워 목타먼 고작 사카링 탄 션헌 샴(泉)물 한 사벌 벌컥벌컥 마셔가머 일허던 김서방네…. 개구리 참이(참외) 농사져두 팔어 둔챙기야니께 못생긴거나 따먹구, 달기(鷄)새끼 질러두 평생 맘 놓구 겨란(鷄卵)한번 못 삶어먹구 보리꽁뎅이 밥이다 픗고추 꼬치장 그거이 다였어, 즐기(冬)두 하유(김)쌈 한 번 실컷 못 먹은 사람덜여. 김 뭇뭇나는 무수 시루떡이다가 배차 짐치 월마나 맛나나. 그레두 그저 1년 가야 한 번 먹을 뚱 말뚱. 그렇게 알탕갈탕 살면서 쇠아치 질러 학비대구 갈쳐 놔봤자 존 꼴 한번 못보구 말짱 헛거구먼. 김서방 깔비다가 낫으루 손꾸락 벼가꾸 생긴 숭터두 봤잖여. 기유, 월마나 고상 고상(苦生)허며 살었넌지 다 알유. 그려 김서방이 지질이 못 탄 지복이지. 김서방이 살었으면 오죽 큰소리 치겄나. 그보덤은 한참 더 사셔두 졸 나이에 가뻔진게 한스럴 뿐이쥬. 말허먼 뭐헐껴. 허나저나 그 아들눔은 몬태미(먼지) 하나 읎는디서 달달헌 쪼키리(초컬릿)랑 먹구 사니께 굼이 씰개(웅담) 안 먹어두 백수꺼정 누리다 가겄네이? 근디 말여, 그 존 아빠또 아깝구 못 믿어 워치게 냉기구 죽을 수 있으까이. 그레기말유.

**뭐여!!** 승려가 절간 오디다가 방화를 헸다구? 벨 **미서운**(무서운) 일두 다 있네이. 오치케 그렜으까? 전라도 정읍 내장사랴, 그 유명헌 절이다가 시발유(揮發油) 뿌리구 불 질러서 홀라당 다 타뻔졌댜. 시상천지 단풍나뭇가쟁이다가 질른것두 아니구 무신 심뽀루다가 대웅전이다 그런 겁웁는 짓을 헸다나. 경찰이 조사헸다너먼. 웨 그런 짓 헸너냐구 허니께 같이 사넌 스님덜이 홀대헤서 홧짐이 그렜다네. 왕땅가 뭔가 암체두 몹시 서운허게 허긴 헌 모앵여. 그렇다구 보복헐 게 따루 있지 그깨이것 가꾸 그런 엄이 나는(엄두 안나는) 짓을 허면 워치겨, 우리네 같이 암껏두 물르는 일자 무식쟁이라면 또 물러. 그 스님 그러구 설라무니 온전헐 것 같어쓰까? 도 딲넌 스님덜두 앙심 품으면 그렇게 미선 짓두 허네이. 그레기말여, 진슬루 미섭구먼.

**뭐여…** 슴(島)소금 밭이서 즌기를 맨든다구? 벨 **희한헌** 소리 다 듣겄네. 글쎄 그런댜. 태양광인지 뭰지가 들어온다구 시방 난리덜여. 염전 가진 눔들 안 팔린다구 울상허다가 살판났지. 둔(돈) 많은 태양광 업자덜이 들러 붙었댜. 염전 끔이 두 배루 뗘버렸다네. 나야 뭐 알겄어? 발전량이 말두 못헌다니 즌기 실카장 쓰구두 둔 들 내면 반가운 일이지. 아이구 이 사람아! 물러두 한참 물러. 대신 천일염 끔이 멫 배 올를 건 웨 생각 못허나. 허긴 그려, 근디 그때 되면 믄 나라 소금이래두 오잖겄어? 설마 소금 읎어서 짐장 못 담그겄나, 갱가찮여. 어뜩허던지 뭐가 되두 되겄지. 그레두 난 말여, 태양광발전이란 게 아즉은 뭔지 의아허네. 뭣보덤두 대대루 네려온 동네 염전 갈어 엎구 읍서질 생각을 허먼…. 나두 그렇긴 그려, 나라구 안 그렇겄나? 생각헤봐, 퍼런 태양광판이라나 뭐라나가 널브러질 생각을 허먼 워쩐지 내 고향 뺏기는 것 같어서 말여. 그보덤 고향이 아주 읍서뻔지는 거 아닌가 웅크지근헌 가심두 되구 그러지. 기여, 그런 생각은 나라구 자네랑 달겄나(다르겠나). 지변머리 읎는 우리네 제다 그렇지 워쪄.

## 충청도 기질(氣質)이랴

**뭐여.** 가당키나 헤야 팔지. 저번 장스는 날 메스슥(메조)을 둔살라구 장이 갔었어. 이쁘장헌 새약씨가 삐딱구두 신구와설랑 이 스슥 한 됫박이 월마래유? 물어 보는디 살림 맛두 물르는 처자 같었어. 그레서 되는대루 주슈 혔지. 핸도백이다 손늫더니 3천원 디려두 되겄슈? 그러먼서 스슥 봉다릴 집더라구. 그 소리 듣구설랑은 암만헤두 **가당찮**었어. 5천원은 받으려니 허구 가꽜넌디 엥간헤야지 말여. 그레서 "기냥 냅 둬유. 숫제 우리 집 빙아리나 갖다 주겄슈" 혔지. 그렜더니 스슥 봉다리가 탑세기(먼지) 묻은 것두 아닌디 얼릉 손 툭툭 털구 봉다리 내삘구 가더먼. 씁쓰름허데 그려.

"그럴라면 왜 되는대루 달라구는 허여. 자네가 되레 으뭉헌 눔이구먼. 그래두 지분(氣分)이 글렀겄네"

**뭐여~.** 앞차가 참 개갈나게두(좋지않게) 운전허지 뭐여. **불안**헤 죽겄데. 아, 글쎄 언덕빼기 올러 갈 때 왼쪽 가땡이(끝부분)루 갔다가 줄 밟었다가 또 오른쪽 가생이루 왔다리 갔다리 허잖겄어. 뒤 따러 가다간 클나겄더라구. 그러다 사고 나서 창새기(창자)나 터져 봐. 그 숭헌 꼴 워칙허라구. 암만해두 운전 솜씨를 봉께 초보운전인 모냥여. 옆이 앉은 동상한티 뒷유리에 뭐라구 써 있나 보라구 했어. 동상이 모가지 내밀구 뚫어지게 글씨를 쳐다 보더라구. 그러구는 귀창 떨어지게 막 웃어대데 그려. "답답헤서 미치시겄쥬? 저는 직끔 환장허겄슈." 라구 써 붙였다. 성제(兄弟)가 배꼽 빠지게 웃어댔구먼. 원체 겁났나벼. 그려, 인저서야 말이지 난들 초보 아녔남. 암, 더허면 더했지. 그 맴 이해 허구두 남어. 그레두 깨구락지 올챙이적 생각 뭇허넝게 우리 인간덜 아닝감.

**뭐여,** 내가 택시기사 헐 적 **뭇마땅**했던 얘기좀 한번 허까? 그 날은 손님이 숙금허더라구. 그러다가 서울말 쓰는 남자 손님 하나가 타니께 반가웠지. 그런디 생긴거이 바람든 무수(무)모냥 얼금얼금 고약허게 생겼더라구. 아메사탕인지 뭘 빨어먹으며 얘기 부치는디 서울 사람 달변말 솜씨허군 달벘어. 아니나 달러. 내둥 폼잡다가 내릴 적이(에) 댑다까락 문을 꽝! 메부치듯 허구 내리더라구. 월마나 쎈지 천둥 베락치는 소리보덤 더 컸당게. 후끈허니 겁 나더라구. 무슨 분풀이를 차헌티 허나 그런 생각이 들덩구먼. 그래두 워치겨, 인물값 허넝구나 생각했지. 실은 한 마디 허구는 싶었어. "웨 그러신대유! 승질(性質)나시남유?" 그래두 차마 그러진 뭇했어. 그렇다구 나라구 숙이 웁겄남. 이렇게 말했지.

"그 문짝 엄청 튼튼허쥬? 담번일랑 더 호디게 닫으슈이. 오늘 그깨이것 가꾼 고장 안 낭게유."

**뭐여,** 내 손목 뿐질러진 얘기두 좀 들어볼텨? 그 날 참 **어처구니 웁더**먼. 지난 즉(冬)버텀 손목이 쑤셔서 젼디지 뭇허구 빙원을 갔지. 나 원 참 의사가 손목을 막 비틀데. 아픈디다 웨 그렇게 더 비틀어싼대유? 불만은 스럽더먼 즘잖허게 물었지. 그래두 손목 아픈디는 이게 최고 츠방이라며 막 비트는 거여. 아이구! 아퓨! 증말 아퍼 죽겄슈. 그래두 여전히 비트는 거여. 아푸다구유. 진짜루 아푸다니께유! 고만 비틀라구 애원을 했어. 엥간헤야 참지. 그래두 그 의사는 찬차니 허께유. 얼추 다 되가유. 나한티 맥기유. 허먼서 웨 그렇게 비투나 물르겄데. 내가 그랬어 "선상님, 그러다간 부러지겄슈!" 고만 좀 비틀라구 또 애원 했을거 아녀? 그 순간 뚝!! 소리가 나더니 내 손모감지가 뿐질러지더라구.

"그것 봐유 부러졌잖유." 난 하두 아퍼서 그말 배끼 뭇했어. 뭐여, 우덜찌리 얘기지먼 낫살이나 먹은 그 의사가 암만헤두 돌파리였덩개벼.

**뭐여.** 양복쟁이덜이 슨거(選擧)운동을 나왔는디 말여. 누구랑 한통숙인지, 대체 누굴 찍으라는지 **애매**허니 물르겄데. 워떤 후보가 좋으냐구 뽄때웁시 묻기만 허더라구. "글씨유. 지가 뭐 아남유. 잘 물르겄는디유.” 대답헤두 다시 똑같은 소리루 물어봉께 난들 뭐라구 허겄어. “잘 물르긴 허지먼 다덜 훌륭허신 분덜이라구 허데유”그랬어. 그런디 충청도 아무개 후보는 워떠냐구 또 묻잖겄어. “글씨(글쎄), 잘 물른당게유” 그런디 그사람 허는 말이 그 양반은 맴이야 볼 꺼 읎지먼 뭐뭐 멍청스럽구 시절 피는 디가 있다넝구먼. 더군다나 정치허는디는 깨굼박질 수준이라구 자꾸만 그렇게 숭잡더먼. 듣기 싫지 뭐여. ‘됐슈. 고만 허슈’ 그러구 싶더라구. 그레두 차마 그러진 뭇했지. 그렇다구 말 안허먼 숙꺼정 읎겄남? ‘여보슈. 암체기나 찍을줄 알구 그러는디 저두유 맴(心)속으루는 다 맡어 논 사람 있슈.’ 그려 안 그려? 그 사람 암만헤두 날 멍칭도 핫바지루 본 모앵여.

‘뭐여’ 보재기 한번 풀어자칭께 술술 나오네그려. 허자먼 이렁저렁 끝두 읎지. 이번 참인 고만허구 냉겨 논 건 담이 다시 풀으야겄네. 그때를 지둘러 주먼 고맙구. 그 때꺼정 잘 덜 있거이.

# 새들아 제발

남편이 일하는 농장은 나지막한 산으로 둘러싸여 있다. 연중 산새들이 지저귀는 소리가 끊이지 않는다. 그러나 나는 어릴 적 들었던 참새와 뻐꾸기, 꿩, 까치, 까마귀 외에는 소리로 새를 구별하지 못한다.

남편은 '쪼로록' 소리를 내며 하늘로 곧게 올라가는 새는 종달새, '찌지직' 우는 새는 파랑새, 각양 소리를 내며 날아가는 새들의 이름을 불러준다. '소소서섯~쩍' 이 소리는 소쩍새라고 알 수 있지 않느냐며 딱따구리가 나무 쪼아대는 소리도 들어보라고 한다.

아무튼 박새, 딱새…, 온갖 새들이 농장 주위에서 맴돌았다. 아예 마당가 나무에 집을 짓고 새끼를 치며 사는 텃새도 많았다.

남편이 무농약 · 무제초제 농사를 고집하는 걸 산에서 내려온 고라니가 먼저 알고 우리 밭 고구마순만 잘라 먹는 것처럼 새들 역시 그런

땅을 용케도 잘 아나 보았다. 철새들도 때가 되면 어김없이 찾아와 하다못해 벽에 부착된 두꺼비집까지 비집고 들어가 둥지를 틀었다. 이런 새들로 화창한 봄날이나 볕 좋은 가을날 새소리는 농장의 즐거운 심포니다.

그러나 이런 새들의 지저귐도 파종 철이 오면 이미 새소리는 노래 소리로 들리지 않는다. 남편의 불평불만이 가장 클 때다. 각종 씨앗을 뿌리고 난 며칠 후, 콩나물처럼 싹이 올라오면 그 때가 제일 긴장되는 때다. 떡잎이 두 장으로 벌어지기 전, 그 보드랍고 도톰 도톰한 새싹은 꿩, 까치, 비둘기 등 멧새들이 가장 좋아하는 먹이가 되기 때문이다.

저녁에 집에 돌아오면 남편은 매일 새타령으로 울상을 했다. 그중에도 까치와 멧비둘기를 가장 몹쓸 것이라고 미워했다. 아침에 까치가 울면 반가운 손님이 온다며 상서로운 새라고 여겼지만 "까치, 까치설날은 어저께고요" 노래 불렀던 동요의 그리움까지 싹 달아났다고 했다. "흉조라던 까마귀가 오히려 더 낫다니까."하면서 까마귀는 의외로 안심해도 된다고 했다.

해마다 완두콩 옥수수 백태 녹두 등 이것저것 심어봤자 헛수고가 많았다. 싹을 싹둑 잘라 먹고 주변까지 헤쳐 놓았다. 먹을 만큼만 배불리 먹고 간다면 그러려니 할 텐데 먹지도 않을 것을 무슨 고약한 심뽀로 다 헤쳐 잘라 놓고 가는지!

다시 또 빈자리에 파종하는 수고를 하는 수밖에 없었다. 재 파종 싹 역시 새들의 먹이가 되고 드문드문 살아남았다. 어느 때는 대신 이것을 먹어달라고 애원하듯 콩짜개 무거리 등을 밭 주변에 뿌려도 보았다. 그러나 갓 땅에서 올라온 촉촉하고 여린 싹을 두고는 눈도 돌리지 않았다.

그래도 '쥐눈이콩'은 약이 된다 하여 검은 비닐을 덮고 구멍을 내어 정성껏 심었다.

"요즘엔 때까치라는 게 더 극성부려."

바짝 신경을 썼다. 그런데 비가 며칠 오더니 콩 싹이 생각보다 금세 올라와 버렸다. 손쓸 겨를도 없이 눈 깜짝할 사이에 한 순 남기지 않고 때까치 먹이가 되고 말았다. 남편은 속이 상해서 어쩔 줄을 몰라 했다. 머리 싸맬 정도의 낭패였다. 여북하면 아예 재 파종하지 않겠다고 단호하게 포기하는 말을 했다.

그물망을 씌워 새 부리가 못 들어가게 하는 방법도 있지만 넓은 땅에 그도 만만찮은 일이었다. 그래도 지난해에는 흰콩을 심고 모기장같이 생긴 그물을 씌운 적이 있었다. 그랬더니 망사 때문에 먹지는 못하고 그물을 밀고 올라온 콩 싹을 모두 부리 끝으로 부러뜨려만 놓았다.

그래도 살아남은 농작물을 위해 작은 돌멩이를 주워 모아 새 쫓는 일에 전념했다. 이른 아침 이슬이 깨기 전 새를 쫓으러 가보지만 주인보다 새들은 먼저 다녀갔다. 속수무책으로 애만 태우는 남편의 말은 듣기만 해도 안타까웠다. 옛날 논에 참새 쫓듯 허수아비라도 만들어 세워놓아 보면 어떻겠냐고 했더니 지난해에 나뭇가지를 세우고 헝겊 조각을 몇 군데 매달아 보았지만 별 효과를 볼 수 없었다고 했다.

그런데 올해 봄이었다. 우연히 만난 사람이 농사 전문가라고 했다.

"뭘 걱정하세요. 빤짝이 사세요!"

방패연처럼 만든 매와 독수리도 사서 군데군데 매달아 놓으라고 했다. 즉시 능곡 재래시장에 있는 농자재상회에 갔다. '새 쫓는 반짝이 끈'이란 게 있었다. 알루미늄 종이 한 면은 그대로 은색, 또 한 면은 빨간 색으로 된 줄인데 가격도 몇 천 원에 불과했다. 농사일을 한 지 꽤 되었건만 그걸 몰랐다니. 몇 둘레를 사가지고 와서 밭이랑에 지주를 군데군데 세우고 단단히 그 반짝이 줄을 붙잡아 맸다. 바람이 살랑일 때마다 은색 빨강색이 뒤바뀌어 가며 반짝거렸다. 바람개비 꽃물결을 이루었다.

이윽고 곡식을 파종하고 새싹이 돋아날 때였다. 여느 때처럼 이른 아침 나가 보고 낮에 지켜보아도 까치나 비둘기는 밭가의 나뭇가지에 심드렁하게 앉아있다 갈 뿐, 밭으로 내려오지 못했다. 어쩌면 저리 신중할까? 바람에 흔들리며 반짝이는 걸 그 녀석들은 분명 저희들의 '목숨앗이天敵'로 여겼기 때문일 것이다. 드디어 새를 당해낸 것이다. 속수무책이던 새들을 한낱 알루미늄 종이로 이기다니. 만세를 부르고 싶었다.

저녁을 먹으며 남편은 희색이 만면하여 말했다.

"진즉에 그럴 걸, 예부터 새대가리라더니…."

수년 동안 속상하며 힘들어 했으니 진즉이란 말도 나올 만했다. 그토록 애타던 고민거리가 고작 반짝이 줄로 이처럼 쉽게 해결될 줄이야.

아직도 농사 초보를 면치 못한 자신의 무지함을 탓하기도 했지만 오히려 새의 멍청한 두뇌를 조소嘲笑하고 있었다. 우리도 아둔한 사람을 일컬어 '조두鳥頭'라며 조롱할 때가 있다. 영어로도 'Birdbrain'이 있다. 박완서 소설 〈그 남자네 집〉 주인공도 자기의 어리석었음을 '내가 새대가리였구나.' 로 표현했다. 정말 새 머리는 나쁜 걸까?

그런데 남편은 다시 말을 바꿨다.

"새대가리? 아니야. 새들이 얼마나 똑똑한데!"

하루에도 수십 번 새끼에게 먹이를 물어다 줄 때 보면 사람 이상으로 꾀가 있다고 했다. 어미 새는 먹이를 가지고 곧장 어린 새끼에게 가지 않는다. 둥지로부터 4~5m 떨어진 나무 위에 앉아서 반짝이는 눈매로 주변을 망보며 안전 여부를 판단한다. 사람이 가까이 있거나 들고양이, 쥐 등, 해롭다고 여기는 것이 보이면 절대 둥지로 들어가지 않는다. 남편이 모른 척하고 다른 곳으로 움직여 주면 그 때 재빨리 둥지로 들어가서 벌린 새끼 입에 먹이를 넣어주더라는 것이다. 먹이도 그냥 주는 게 아니다. 나비든 벌레든 물고 오면 우선 나뭇가지나 바위 위에 놓고 부리로 이쪽저쪽 쳐서 날개나 긴 다리를 다 잘라내고 부순다. 그리고는 먹기 좋은 몸체만 새끼한테 먹인다. 그런 궁리를 하는 새들을 보면 아무리 어미의 보호본능일지라도 감탄할 만큼 영특하기 그지없다고 했다.

아무튼 새 머리가 나쁘든 좋든 간에 정작 새들은 대가리 때문에 번식하며 생존하는지도 모른다. 지구상에는 1주일을 채 못 살다 가는 날파리 하루살이조차 본능적으로 살아가는 법이 있다. 새들도 자신들의 소중한 생명을 지키기 위해 반짝이 끈도 겁내고 무서워하라는 하늘이 준 본성을 따라 그랬을 것이다.

그런데 나는 요즘 가을걷이를 하면서 봄날 새대가리에 불신이 생기고 조바심이 난다. 녀석들이 '반짝이 끈'을 한해 두해 가까이하다 보면 틀림없이 영리하게 머리를 굴릴 것이라고 믿어지는 것이다. '우리가 그동안 눈멀고 어리석었어요. 까짓 끄나풀.' 하면서 반짝이 끈이 저희들의 가짜 목숨앗이라는 걸 알아낼 것 같다. 그리고 시들해져서 나뭇가지에서 다시 밭으로 내려올 것만 같다.

'정말 그런다면 또 당할 수밖에 없는데 이 노릇을 어쩌지?'

농장의 지겹게 자라는 풀, 흡혈 모기떼는 그래도 견뎌낸다. 그러나 시작부터 아예 망쳐놓는 황당한 이 해조害鳥 떼는 발을 동동 굴러도 당해낼 재간이 없으니 말이다.

남편의 울상 새타령과 한숨 내쉬는 소리가 다시 들리는 듯하다.

"새들아, 제발 새대가리 그대로 있어 다오!"

두고 봐야 알 일인데 지레 걱정을 하고 있다.

# 살아야 해요

나는 완두콩 밥을 좋아한다. 어릴 적 우리 집에서는 완두콩을 '왜콩, 왜팥'이라고 불렀다. 내가 밥을 잘 안 먹어 걱정스럽던 집안에서는 그나마 왜콩 밥만은 잘 먹어서 많이 심어 가꿨다. 그 왜콩 밥 향미와 흰쌀에 연 초록 동그란 콩의 비주얼은 예나 지금이나 식탁의 행복감을 안겨준다.

남편이 나이 들어 밭농사를 짓게 되었다. 농사를 시작한 첫해 봄 어느 날, 싱글벙글하며 말했다.

"어머니 말씀이 당신 제일 좋아하는 밥이 완두콩밥이래. 그래서 오늘 완두콩을 많이 심었어."

그 후에도 해마다 지주대를 깎아 세워주며 1년 내내 먹을 완두콩 농사를 열심히 지었다.

올해도 수확 철이 되었다. 그런데 심한 가뭄으로 밭에 물을 주다보니 완두콩에 손 갈 새가 없다고 걱정스러운 듯 말했다.

'날 위해서 많이 심고 가꿨다는데, 그렇다면 내가 가서 따는 일이라도 해야지.'

평소 잘 가지 않던 농장에 작업복을 입고 남편을 따라 나섰다. '허창'이라고 불리는 창고에는 뿌리째 뽑힌 완두콩이 수북이 쌓여 있었다. 먼저 작업준비를 했다. 내가 앉을 의자 앞에 바구니 셋을 갖다 놓았다. 씨앗 받을 특상품 완두콩, 잘 익어 보관할 것, 덜 여물어 금방 먹을 것 세 부류로 분류해 담기 위해서였다. 부지런히 손을 놀려 구분해 따 담았다. 그런데 이상하게도 꼬투리에 크고 작은 구멍이 간간히 보였다. 뻥 뚫린 구멍은 거무스름하고 바늘구멍보다는 컸다.

'왜 이렇지? 벌레 구멍인가?'

남편이 지은 농작물에는 농약이나 제초제를 쓰지 않기 때문에 온갖 벌레들이 많은 것은 알고 있었다. 그렇지만 완두콩 꼬투리에까지 구멍이 뚫려 있다니…. 어릴 적 경험으로 완두콩 벌레는 본 적이 없었다. 슈퍼에서 초록 그물망의 껍질 완두콩을 사다가 까서 냉동실에 보관할 때도 완두콩 벌레는 없었다. 상추에 달팽이는 붙어있을 망정 다른 벌레는 끼지 않듯, 완두콩도 벌레가 좋아하지 않는 줄로 당연히 그렇게 알고 있었다. 의아한 생각이 들었다.

그래도 '혹 벌레일까?' 이상하다 여기면서 손놀림을 빨리하여 양이

만만찮은 콩꼬투리를 부지런히 땄다. 그런데 자꾸만 구멍난 것이 보였다. 껍질에 구멍이 뚫렸다는 것은 아무래도 알갱이 속에도 벌레가 있을 것이란 생각이 들었다. 다른 콩과 함께 섞어 담아서는 안 되겠다 싶어 바구니 하나를 더 갖다가 구멍난 꼬투리만 분리해 담았다. 한참이나 따 담다가 정말 벌레가 들어 있는지 확인하고 싶어졌다. 따는 일을 멈추고 구멍 뚫린 콩을 까보기 시작했다.

와, 역시 구멍 뚫린 꼬투리는 하나같이 모두 벌레가 들어 있는 게 보였다. 어떻게 이 두꺼운 껍질을 뚫고 알을 낳아서 벌레로 자랐단 말인가? 고개가 갸우뚱해졌다.

'완두콩 꽃이 지면서 열매를 맺는 순간 동시에 알을 까서 함께 꼬투리 속에서 자란 것일까.'

생물시간에 공부를 해본 적도 없고 상식도 없어서 의문의 날개를 단 채 벌레에만 관심이 바짝 모아졌다. 먼저 구멍이 크게 뚫려 있는 탱탱 여문 꼬투리를 조심스럽게 쪼개서 자세히 들여다보았다.

"아휴, 무서워. 징그러워!"

꼬투리 안에는 토실토실 살찐 하얀 벌레가 자기가 싸 놓은 똥 위에서 몸을 웅크리고 있었다. 어릴 적 보았던 기침 해소제 '용각산' 미립자와 같은 회색 똥이었다. 잘 여문 일곱 알갱이 중 반 이상씩 흠집을 내고 있었고 그렇게 갉아 먹은 탓인지 배설물도 엄청 많은 양이었다. 몸의 크기로 보아 성충이 다 되어 금방이라도 번데기가 될 것 같았다.

다음은 제일 작게 구멍난 꼬투리 콩을 까 보았다. 좀 덜 여물고 집이 작아서인지 벌레 크기도 작고 색깔도 흰 빛이 아니라 아름다운 연둣빛을 띠고 있었다. 그야말로 애벌레였다. 큰 벌레가 먹은 분량과는 달리 한두 알갱이만 파먹었다. 따라서 싸놓은 똥의 분량도 적었다. 그래도 손에 닿을까 무섭고 징그럽기는 마찬가지여서 창고 땅바닥에 후드득 털어버렸다. 계속 까보아도 틀림없이 벌레는 들어 있지만 꼬투리 하나에 두 마리가 든 것은 없었다. 희한했다. 아마도 저희들끼리 생존경쟁을 시키지 않으려는 어미 나비의 지혜였을까?

한 꼬투리, 한 꼬투리 깔 때마다 한 마리씩 땅바닥에 팽개쳐진 벌레들은 안식처에서 딴 세상으로 나온 갑작스런 변화에 놀랐나 보았다. 몸을 동그랗게 말며 오그라들었다.

'이 벌레들을 모두 어떻게 해야지……?'

징그럽지만 해충이니 별수 없이 신발바닥으로 문질러야 한다고 생각했다.

문득 카프카의 〈변신〉 주인공이 떠올려졌다. 그레고르 잠자가 하룻밤 사이에 여러 개의 다리가 달린 벌레로 변신되어 종탑에서 울리는 종소리를 들으며 죽음을 맞듯이 이 벌레들도 순식간에 자기 집을 잃고 무슨 생각을 하며 죽어가야 하나…?

물컹한 배가 터지며 으깨진 것이 땅바닥과 내 운동화 바닥에 묻었다. 정말 못 할 짓이었지만 그렇게 할 수밖에 없었다.

이번에는 중간 크기의 콩을 깠다. 역시 크지도 작지도 않은 2cm 정도 길이의 연둣빛을 띠고 있는 보통 크기의 벌레가 보였다. 꼬투리와 벌레의 크기는 비례하는구나, 생각하면서 마찬가지로 창고 흙바닥에 힘껏 내리쳐 털어냈다. 어? 지금까지의 벌레와는 달리 땅에 떨어졌건만 동그랗게 말아 웅크리지도 않았다. 떨어진 긴 몸 그대로 잠시 머뭇하고 있는 게 아닌가. 온도, 습도가 딱 맞는 파라다이스에서 갑자기 변을 당한 자신이 어이없어서였을까. 아니면 이럴지라도 정신을 차려 살아야 한다고 체력을 가다듬고 있는 것인지도 몰랐다. 다른 벌레와 달랐다.

아니나 다를까 곧 움직이기 시작했다. 활기찬 모습으로 몸체 마디마디를 꿈틀대며 더듬이도 없건만 제 머리 쪽을 향해 창고 흙바닥 위를 돌진해 갔다. 등줄기를 불쑥 올렸다 내렸다 얼마나 씩씩하게 가는지 칭찬해 줄 만한 도전이었다.

"용감한 탈출이구나. 어디로 왜 가는 거지?"

까던 콩을 아예 멈추고 벌레가 기어가는 대로 내 눈도 마음도 열심히 따라가며 물었다.

'나는 살아야 해요. 살 곳을 찾아갑니다.'

"그래 장하다. 열심히 가 보거라."

그런데 얼마 동안 기어가더니 움직임을 딱 그쳤다. 멈춰서 무슨 생각을 했는지 알 길 없지만 머리를 좌측 방향으로 높이 틀었다 내렸다.

'……?'

다시 별일 아닌 듯 힘찬 움직임으로 직진하여 기어갔다. 신이 준 생의 본능대로 움직여 가겠지만 미물 벌레에게도 강인한 정신력과 IQ가 있다는 생각이 들었다.

한참 직진해 간 녀석 앞에 큰 조개껍데기만큼 움푹 파인 곳이 나타났다.

"거기 들어가면 안 되는데, 네겐 함정이야. 뒤로 돌아가!"

역시 멈칫 멈칫했다. 그러나 여기를 통과해야 삶의 목표지를 갈 수 있다는 판단을 했나 보다. 더 빠르게 움씰움씰 벽면을 타고 기어 내려갔다. 하지만 다시 올라와야 되는 걸 알게 되었다. 내려갈 때보다 속도를 늦추며 올라왔다. 힘겨워 보였다. 얼마나 절망스러웠을까. 그러나 다 올라온 후에는 곧바로 힘찬 직진을 하였다.

"다시 직진해서 어디로 가려는데?"

'살 곳을 찾아가는 거 몰라요? 내 한살이를 마칠 때까지 나는 살아야 합니다!'

"그래 장하다. 열심히 가 보거라."

그런데 한참을 직진하던 길이 아무래도 뜻한 길이 아니다 싶었는지 갑자기 180도 회전을 하였다. 지금까지 온 길로 다시 되돌아 움씰움씰 기는 것이었다. 돌아가는 그 길에 아까의 함정이 있음을 알았을까. 좌측으로 방향을 바꾸어 갔다.

"힘들지? 길이 안 보이는 곳에 가자니 많이 힘들 게다."

좌측으로 한참이나 가다가 우로, 또 우로 방향을 수시로 바꿨다. 사람

신발바닥만으로도 목숨을 잃는 하찮은 미물이지만 포기하지 않고 방향 바꿔 최선을 다하여 전진하는 모습이 대단했다. 그러나 움직임의 빠르기가 아까와 달리 느린 감이 있었다. 불룩불룩 꿈틀대던 등줄기 높이가 많이 낮아졌다. 그만 쉬라고 하고 싶었다. 그러나 살아야 할 목적지에 가야만 하는지 계속 기어갔다.

"그렇지. 그래, 그쪽으로만 가면 네 삶의 터 풀밭이 나온다. 그리로만 직진해라."

응원을 해주건만 가다가 애석하게도 다시 뒤로 돌아서서 기어갔다.

"왜 또 방향을 바꿔? 그냥 가면 네가 살 자연의 집 풀숲이라니까!"

'이 넓은 광야, 어딘지는 잘 몰라요. 나는 오직 살 곳을 찾아서 가는 거예요.'

제 말대로 어딘지 모르는 채 풀밭 반대쪽으로 한참을 기었다. 그러더니 웬일인지 몸의 반 이상을 번쩍 쳐들었다. 둘레둘레 좌우를 쳐다보았다. 살 곳을 찾아가는 길의 방향을 나름대로 판단하며 모색하는 것 같았다.

"무엇이 보이니? 머릴 들어서 가야 할 향방을 찾는 거야?"

'여기가 어딘지 막막하고 알 수가 없네요. 그러나 나는 살아야 합니다.'

직진하던 길을 멈추고 다시 또 우회전을 하였다. 정말 알 수 없는 노릇이었다. 한참 기어 가다가 이제 우회전 코스도 아니다 싶었는지 다시 뒤로 돌아 기어가기 시작했다. 처음 출발할 때의 힘찬 돌진력은 이제

소실되어버린 듯했다. 그 힘 빠진 동작을 보자니 안쓰럽기 그지없다. 그 지친 몸으로 여기 저기 방향만 바꾸며 흙바닥을 긴들…….

"애야, 너 가는 이정표를 알지도 못하며 수없이 길만 바꾸고 있으니 얼마나 힘드냐?"

'힘들어도 내 살 곳만 가면 돼요. 그 길을 찾는 겁니다.'

"그래 네 갈 길을 찾아가 보아라."

한참이나 멈췄다가 정신 차린 듯 뒤로 오던 녀석은 다시 느릿느릿 우회전을 시작하였다. 그곳은 창고 바닥에 깔아 놓은 두꺼운 비닐 장판이 있는 곳이었다. 녀석이 기어가는 대로 쫓는 내가 잔인하다고 생각되었다. 아무리 미물일지라도 이대로 보기만 한다는 것은 가혹한 것 같았다. 그러나 나는 녀석에게서 눈을 떼지 못했다.

"거기로 가면 비닐이야. 가면 안 돼! 네게는 차라리 흙바닥이 낫지! 거긴 아니라니까!"

그래도 고집을 부리면서 장판 모서리까지 기어갔다. 흙바닥에서 단단한 모서리를 무릅쓰고 기어오르기 시작했다. 그런데 장애물이라고 인식하였는지 멈칫하고 한참을 정지했다.

'살아야 해요. 장애도 뚫어야 합니다.'

다시 온 힘을 다해 장판 위로 기어오르는 것이었다. 모서리에 몸을 반 이상 걸쳤을 때다. 어? 이게 아닌데, 하는 듯 멈췄다. 그래도 잠시 후 기어코 장판 위에 올라왔다. 장애를 뚫은 기운으로 노란 비닐 바닥을 한 뼘 가량이나 힘차게 기어갔다. 그러나 배에 닿는 미끈미끈한 촉감이 제 길은 아니라고 생각했나 보다.

'이런 느낌은 전무후무한데? 아무래도 여긴 아니야.'

몸을 돌려서 회전하였다. 결국은 되돌아와 비닐 장판 모서리를 타고 흙바닥으로 다시 기어 내려왔다.

"시행착오를 너무 하는구나. 불쌍한 것아."

이제 땅바닥으로 내려왔으나 어디로 가야 할지 종을 못 잡았다. 몸을 반이나 힘겹게 들어 올렸다가도 다시 내린 채, 향방을 잡아 움직이려 하지 않았다. 출발 시의 씩씩했던 돌진력은 어디로 가고 이제 지칠 대로 지쳐 탈진된 패잔병같이 되어 있었다. 그리스의 신화에 나오는 시시포스가 생각났다. 커다란 바위를 산꼭대기로 밀어 올리다가 바위가 정상 근처에 다다르면 다시 아래로 굴러떨어지고, 또 올리고, 이러한 고역을 되풀이하는 시시포스의 헛된 수고 같았다. 그러나 시시포스의 역사와 비교해선 안 되었다. 살아야 한다는 강인한 의지와 희망, 목표가 있는 벌레다. 최선을 다해 우회전으로 기어가려고 다시 몸을 틀어 움직이며 외치는 듯했다.

'나는 살아야 해요! 내 한살이를 마쳐야 한단 말에요.'

하지만 녀석의 몸은 뜻과 같이 따라 주지 않았다. 기진한 모습을 보면서 한숨이 나오며 가슴이 저려 왔다. 길을 바꾸고 또 바꾸어 가도 미로일 뿐, 무거운 몸을 쳐들고 보아도 끝이 보이지 않는 광활한 광야! 용을 써가며 헤매서 도착한 곳은 엉뚱한 비닐 장판! 그 애처로움을 이제는 더이상 두고 볼 수 없었다. 지금까지만 해도 잔인한 추적이었다.

"얘야, 네 힘으로는 안 돼! 향방도 모르며 기고 또 기어도 광야 사막길, 헛수고일 뿐이야."

종이 한 장을 구해왔다. 종이 위에 올라오도록 바짝 갖다 대어 줬으나 몸을 웅크리며 거부했다. 징그럽더라도 손으로 집어 올릴까 생각했지만 그러고 싶지 않았다. 내 손을 대면 죽을지도 모른다고 여겨졌다. 하는 수 없어 종이 모서리를 찢어 녀석 몸을 밀어 종이 위에 얹혔다. 종이에 올려진 녀석은 무슨 생각을 할까? 아직도 살아야 해요! 뿐일까? 풀숲으로 가서 종이를 흔들어 벌레를 천천히 내려놓았다. 어디로 떨어졌는지 보이지 않았다.

"미안하다. 헛수고를 너무 시켰어."

"너의 생을 향한 불굴투지 장했단다! 너는 친구들처럼 단숨에 죽어간 버러지가 아니었어. 벌레였어. 이제 이곳에서 힘차게 살아 번데기, 나방이 되는 한살이를 잘 살아라."

이 완두콩 벌레는 곧 나의 모습이었다. 내 가는 길이 맞노라고 방황, 갈등하며 고집피우는 이 벌레 같은 삶을 살아왔다. 그러나 광야 사막길을 헛수고로 헤매고 있을 때 지켜보시며 긍휼히 여겨 도움의 손길을 내미는 분이 계시니, 그때야 깨닫고 뉘우친다.

# 이런 걸 어디서 먹어봐

### –힘들어도 굿앤굿–

남편은 농사로 잔뼈가 굵은 사람은 아니다. 그러나 어릴 적 농촌 생활을 늘 마음에 그리고 있던 사람이다. 처음 만났을 때 25세였던 그는 훗날 사슴농장을 해보고 싶다고 했다. 나는 농사짓는 부모님 밑에서 자랐지만 내 삶에다 농農자를 붙일 생각은 단 한 번도 해본 적이 없었다. 그러니 그 소리를 듣고 무척 놀랐던 건 당연하다.

결혼 7년 만에 장만한 집은 텃밭이 딸린 단독 주택이었다. 남편은 시간을 내어 그 텃밭에 배추 무를 심었다. 어찌나 잘 가꿨던지 가을이면 한아름 되는 배추와 어른 팔뚝보다 더 큰 무를 안마당에 가득 뽑아다 쌓아놓았다. 우리 김장을 하고도 남아 이웃까지 나눠 주었다.

그렇게 채소 농사만 지은 것이 아니었다. 앞마당 담 옆으로는 닭장을 뚝딱거려 지었다. 맨 위에는 판자를 대고 지푸라기로 알 낳는 둥지까지

만들었다. 사다 기른 병아리는 어느 결에 어미 닭이 되어 알을 낳았다. 어린 아들들을 번쩍 안아 들고 금방 낳은 따뜻한 달걀을 직접 손을 넣어 꺼내 보게 했다.

그런 일들이 즐거웠을까. 직장과 사업에서 손 뗀 후 농장을 마련했을 때 제일 먼저 한 일이 닭장을 짓는 것이었다. 500리 길을 멀다 않고 서산 팔봉 처가의 굵은 대나무를 한 트럭 스스로 운전해서 실어왔다. 또 산 아래 밭에는 적지 않은 돈을 들여 철망으로 꿩사슴도 큼직하게 지었다. 사슴 대신 닭과 꿩이었을까. 그러나 사슴은 고사하고 닭은 물론 꿩도 알만 낳고 놓아주는 수밖에 없었다. 대신 고라니가 멋모르고 들어와 몇 개월 살다 갔다.

지금은 나이가 들어 사육의 버블은 사그러들고 그저 밭농사에만 빠져 있다. 남편 친구들은 할 일도 없어진 노년에 파란 하늘 밑, 푸른 숲속에서 살랑대는 바람과 새소리 벗삼으며 농사를 짓는 것은 지상천국 아니냐고 부러워한다. 그러나 농사라는 것이 얼마나 힘든지 몰라서 하는 소리다.

"새소리 들으며 그늘 아래서 책 읽고 시나 쓰면 좋을 곳이지."

농사일이 버거울 때는 그런 말을 하면서도 힘겨운 농사꾼에서 벗어나려고 하지 않는다.

비가 오지 않으면 시들어가는 작물이 자식처럼 안쓰럽다며 저녁 식사도 거르며 별을 보면서까지 물을 준다. 그런 가뭄에도 풀은 인정사정

없이 자란다. 성장과 번식밖에는 목적이 없는 잡초들, 뙤약볕 아래 비 오듯 땀을 흘리며 뿌리째 뽑아 밭고랑에 내동댕이친다. 겨우 다 잡았다고 생각하고 뒤돌아보면 '언제 뽑았냐?'고 약올리듯 또 우북이 자라있다. 그러면 또 뽑아 던지길 수차례. 해도 해도 끝이 없다. 농자무한農者無閑이란 말이 어찌 그리 딱 맞는 말인지 몰랐다.

제초제를 뿌려 고스라지게 하고 뿌리까지 썩게 만들면 해결될 문제지만 무농약을 고집했다. 아차 하는 사이 풀은 허리춤까지 올라왔다. 줄기가 쇠어지면 엄지 굵기보다 큰 나무처럼 되어 숲을 이뤘다.

어느날 나는 막대기마냥 단단해진 명아주 대를 잡고 힘껏 뽑아보다가 뒤로 자빠지려 한 적이 있다. 기어코 뽑고 보니 바가지 크기의 뿌리가 덩어리로 뭉쳐 있었다.

나옹선사가 청려장(靑藜杖:명아주 지팡이)을 비껴들고 도량 명산 찾았다더니 그랬을 것 같았다.

그날 남편은 숲을 이룬 망초대를 낫으로 쳤다. 얼마나 질긴지 껍질만 벗겨지고 베어지지도 않는다며 팔이 아프다고 농기구 창고에서 예초기를 들고 왔다. 예초기 칼날에도 좌우로 서너 번씩 가야만 베어졌다. 우리는 그 풀들의 위력에 두 손 두 발 다 들었다.

예부터 귀한 자식에게 '잡초처럼 자라라'그 말의 품은 뜻이 어쩜 그리 진리로 실감되는지!

남편의 무농약 농사는 단지 잡초와의 고투뿐이 아니었다. 크고 작은

개미, 굼벵이, 진딧물, 지렁이 말고도 헤아릴 수 없는 이상한 벌레들과도 벗삼아야 했다. 하다못해 그 매운 청양고추 속에도 벌레는 웅크리고 앉아 있다. 다리가 스물, 서른 넘게 달린 벌레, 살짝 건드리기만 해도 지독한 냄새를 풍기는 곤충 등등 반의반도 이름을 알 수 없는 것들이다.

그 숱한 벌레들은 농사에 해충으로서만이 아니라 저희들 세계에 먹이사슬이 되어 꼬이는 것 같았다. 어디서 무농약 천지를 알고 모여드는지 생태박물관도 그런 박물관이 없을 것이다.

간혹 내가 농장에 다녀오는 날이면 그 벌레들 통에 종아리고 어디고 긁느라고 정신없다.

그런데 남편은 살성에 면역이 생겼는지 나 같은 고통은 없다. 정말 다행이었다. 그러나 여름철이 되면 모기에는 이겨내지 못했다. 그야말로 농장에서는 환난의 존재였다. 얼굴이고 팔뚝 발등은 물론, 땀에 젖은 옷도 뚫고 엎드려 일하는 등까지 피를 빨아댔다. 저녁에 집에 오면 불긋불긋 부어오른 살을 긁어가며 괴로워했다.

“무당벌레, 진드기, 노린재 각종 벌레 다 좋아. 왕텡이벌도 괜찮다니까. 그저 모기만 없으면 살겠어.”

손이 닿지 않는 잔등을 긁어주며 마트에서 사다 준 모기퇴치 스프레이를 듬뿍 뿌리고 일하라지만 산골 밭 모기 떼에겐 그것도 어림없다며 고개를 저었다.

그런 남편이 갑자기 밝아진 얼굴이 되었다. 모기 잡아먹는 고추잠자리가 얼마나 고맙고 예쁜지 정말 예쁘다고 했다. 그러더니 다시 기대 가득 희망찬 소리를 했다.

"옛 어른들이 처서處暑만 지나면 모기입이 비뚤어진다 했어. 찬바람만 나봐."

오죽했으면 저런 말을! 농사를 모르는 친구들이 이런 사정을 안다면 그래도 부럽다고 할까.

그런데 부모님과 농사를 지어본 경험이 있는 H란 친구가 있다. 그는 매일 오후 4시 반이면 어김없이 전화를 걸어 온단다.

"모기 물리지 말고, 허리 아픈데 이제 일 그만하고 어서 들어가! 쉬엄쉬엄 해야지."

모기가 극성부리는 저녁이 되기 전에 일손을 떼라는 고마운 예령豫令이었다. 그러나 남편은 친구의 말을 듣지 않는다. 해가 떨어져야 녹초가 된 채 집에 돌아온다.

세 아들이 이구동성으로 "아버지, 제발 일하지 마세요!" 그 말도 하나마나다.

아픈 허리 젖혀가면서 까맣게 얼굴 그을리며 들끓는 모기떼 속에서 저녁 늦게까지 왜 힘겹게 농사를 짓는지 정말 알 수가 없다. 그러나 남편은 일 보고 안 할 수 없다고 했다. 일하다 보면 잡스런 생각이 전혀 안 나서 좋고 더구나 작물 키우며 알게 되는 지혜가 얼마나 큰지 모른다고 신나 한다.

뿌리 뽑혀 시들시들 말라 죽을 것 같은 풀이 줄기만이라도 땅에 닿으면 그 줄기에서 뿌리를 내리고 다시 살아난다며 어쩌면 인체의 강한 자생력과 다를 바 없다고 했다.

어느 날은 배추 모종을 똑같이 심었는데 이파리가 쩍쩍 벌어지며 잘 자라는 포기가 있는가 하면, 오죽잖고 비루먹게 크는 것도 있다고 위대한 발견이라도 한 듯했다. 사람도 한 부모 밑에 똑같이 낳고 키운 자식들이건만 바르게 잘되는 놈, 비뚤어지는 놈 있듯이 어쩜 그리 같은지 모른다고 했다.

또 희한한 것은 잘되라고 옮겨심고 정성 들인 것보다 아무 참견 않고 손을 대지 않은 게 저희끼리 소리 없이 무럭무럭 잘 자라더라는 것이다. 그렇게 모든 작물은 혼자보다는 어울려서 스스로의 힘으로 커야 잘 된다고 했다. 하다못해 몇 포기 풀이라도 함께 공생 공존하며 크는 것이 실하더라고 감탄하며 '사람도 그렇지 않으냐?'며 동의를 구하기도 했다.

"우리가 혼자 살아갈 수 없듯 식물도 어찌 그리 인간사와 닮았는지…! 모든 자연의 이치가 참 오묘하다니까."

수시로 그런 깨달음의 기쁨을 나누는 남편이 무엇보다도 가장 신바람 나게 즐거워할 때는 따로 있다. 참외, 토마토, 가지, 호박, 케일, 상추 등등 바구니 가득 양손에 들고 집에 올 때다. 어느 농부가 땀 흘려 일하고 수확할 때 뿌듯하지 않으랴. 그러나 그런 마음과는 다르다. 세 아들네 친환경 유기농 식품 먹이는 것이 어디냐며 들썩이는 어깨다. 바구니에서 꼬부라진 오이를 꺼내 씻지도 않은 채 먹으라고 내 입에 들이대는 날도 있다. 싫다고 뿌리쳐 밀어내도 옛날 어릴 때 우리가 먹던 맛 그대로라며 노여움도 타지 않는다.

세 아들네 나눠줄 때도 며느리에게 꼭 하는 말 '흙가루만 없으면 그냥 먹어도 된다.'였다.

멀리 사는 큰애는 올 때 듬뿍 주고, 둘째는 식구가 많으니까 더 주고, 셋째는 장모님도 좀 갖다 드리라고 많이 주고! 잡초, 모기, 가뭄 힘들었던 일들이 어디로 갔는지 씻은 듯 가신 듯 그저 신바람만 난다.

그러나 손주 녀석들은 마트에서 파는 것보다 볼품없는 야채나 벌레 먹은 과일들이 시시할 뿐 그런 할아버지 마음을 알 길이 없다. 어느 날 유치원 손자는 제 엄마에게 말했다고 했다.

"토마토가 왜 이렇게 생겼어?"

벌레가 물었던 자국으로 움푹 파여 봉통아리진 데다 순수한 토종의 알싸한 맛이 이상해서 먹기 싫다는 뜻이었다고 했다.

그러나 남편은 아랑곳하지 않고 귀가 솔도록 똑같은 소리를 한다.

"아무리 유기농 전문 농사꾼도 약을 조금씩 칠 수밖에 없대. 이런 청정 무공해를 대한민국 어디서 먹어봐! 우리 집, 내 자식들이나 먹지."

남편의 그런 희희락락 모습은 누가 뭐라든 '힘들어도 굿앤굿!'이다.

6부

# 교직의 흑백사진

# 무서웠던 장학사 칭찬

초등학교 2학년 때 담임은 남자 교감 선생님이었다. 휴전 후 교사가 부족했던지 교감도 학급을 맡았던 모양이다. 우리 반 아이들은 나이 들고 인자하신 교감 선생님을 좋아했다. 쉬는 시간이면 그 앞으로 모여들었고 팔을 붙들고 늘어졌다. 심지어 어떤 아이는 어깨까지 올라타기도 했다. 그렇게 철없는 짓을 했지만 웃으며 다 받아주셨다. 그래서인지 이름도 생생히 기억하고 있다.

최상춘 교감 선생님. 항상 봄날(常春) 같은 선생님이셨다. 어느 날 쉬는 시간 또 여느 때처럼 잔뜩 매달려 있을 때였다.

"애들아, 선생님은 이제 이곳을 떠난다."

어안이 벙벙한 우리에게 선생님은 웃음이 가득한 얼굴로 다시 말했다.

"장학사로 가게 됐다."

"장학사가 어디 있는 거지?"

서로 얼굴을 쳐다보며 갸우뚱거렸다. 장학사는 어디 있는 게 아니고 교감보다는 훨씬 좋은 거라고만 말씀하시는 표정은 어린 마음에도 교감 선생님이 우리에게 자랑하며 뽐내시는 것 같다고 느껴졌다.

4학년이 되어서야 최 교감 선생님이 장학사로 간다면서 으쓱하셨던 것을 이해할 수 있었다. 학교에서는 며칠 후 장학사가 온다고 전교생에게 알렸다. 그날부터 우리는 마른 걸레를 들고 유리창에 매미처럼 매달렸다. 뽀드득 빡빡! 소리가 나도록 닦았다.

"유리창이 없어졌나 깜짝 놀랐죠."란 동시처럼 되었을 때 선생님 검사가 떨어졌다.

교실 바닥에는 양초를 칠하고 걸레에 힘을 주어 문질렀다. 무릎 꿇고 힘준다는 것이 쉬운 일은 아니었다. 그런데 구구단 가락에 맞춰서 하면 아주 쉽고 신바람까지 났다. 머리와 어깨를 앞뒤로 흔들면서 닦다 보면 흥겨운 오락시간 같기도 했다.

"이일은 이, 이이는 사, 이삼은 육…."

'이일은 이!' 구성진 한가락을 읊는 동안 걸레는 앞으로 밀었다 당겼다 다시 미는 세 번의 동작과 딱 들어맞았다. 일 열 짝 줄 맞춰 앉아서 9단까지 운율 따라 밀고 당기다 보면 어느덧 교실 뒤쪽까지 와있었다. 뒤돌아보면 마루는 반들반들 윤기가 났다.

'야! 다했다!' 승전가를 부르듯 걸레를 깃발처럼 높이 들고 만세를 부르는 아이도 있었다. 그러나 '다시 앞에서부터 또 한 번!' 선생님 호령이 떨어지면 한 번 아니라 서너 번도 더하곤 했다.

그렇게 청소하는 우리보다도 선생님은 더 분주했다. 우리 손이 닿지 않는 창문 꼭대기의 먼지는 직접 털이개질을 했다. 어른 키라도 손이 안 닿았던지 책상을 밟고 올라가면 아이들 두어 명은 책상다리를 꼭 붙들었다.

벽 뒤 게시판의 묵은 그림도 싹 바꿔 붙였다. 그때 우리는 압핀 곽을 들고 쫓아다녔다. 공부가 끝나도 그렇게 교실마다 장학사 시찰 대비 환경정리라는 이름으로 난리를 폈다.

드디어 장학사가 오는 날이었다. 선생님은 새 양복을 입었다. 평소 같으면 선생님 꾸지람 들을 만한 일도 큰 소리 한마디 없이 넘어가고 '여기 보세요.' 존댓말도 썼다.

수업시간에는 짜 맞춘 각본 수업대로 손을 들고 발표를 했다. 쉬는 시간에도 조심조심 까치발로 걸었다. 복도에서 만난 옆 반 호랑이 P 선생님마저 친절하고 음성이 나긋나긋했다. 인사 잘하란 당부도 귀에 딱지가 붙도록 들었기 때문에 무조건 보는 사람마다 꾸벅거렸다. 장학사가 돌아갈 때까지 그렇게 학교는 온종일 긴장된 분위기였다. 장학사가 대체 얼마나 높은 사람이기에 온 학교가 설설 기는가? 선생님까지 그러는 걸 보면 장학사는 틀림없이 높고 무서운 사람이구나 생각했다.

교대를 졸업하고 서산군에서도 오지인 시골 팔봉 모교에 교사 첫 발령을 받았다. 4학년 세 반 중 여자반인 2반을 담임했다. 그해 여름방학을 한 달 반 앞둔 초여름이었다. 서산교육구청의 장학사가 우리 학교에 시찰 온다고 공문이 왔다. 그때도 장학사는 아득하게 높은 존재였다.

나도 반 아이들을 데리고 대청소하고 환경 정리하기에 바빴다. 다른 반에서도 마찬가지였다. 그런데 정작 장학사는 선생님들의 수업만 참관하겠다고 연락이 왔단다. 산더미 같은 장부 검열받는 것도 힘들지만 수업 평가를 당한다는 생각에 교사들은 오히려 신경이 더 쓰였다. 예나 지금이나 맨손 수업이냐, 자료 활용 수업이냐는 수업 실기 평가 척도가 되고 있었다.

자료라고 해봤자 학교 자료실에 있는 모서리 찢어진 모조 전지 괘도와 지구본 딱 한 개였다. 그렇지만 장학사가 오는 날 교사들은 모두 자료실로 달려갔다. 나도 뒤따라 갔다. 우리나라 지도, 세계지도는 그나마 벽에 길쭉길쭉 걸려 있었다. 그러나 그건 고학년용이었다. 학년별로 몇 종류씩 있는 괘도 걸이 쪽에 모두 몰려들었다. 교사들은 괘도를 동시에 붙잡고 내가 먼저! 네가 먼저! 서로 자기가 먼저 집었다고 우기며 잡아당기다가 나중에는 어이가 없는지 마주보며 웃음도 터뜨렸다.

아무튼 장학사가 몇째 시간에 들어올지 모르니 3교시까지는 교과별로 대비하고 있어야 했다. 이런 비상사태에 끝까지 붙잡고 있는 사람이 임자였다.

우리 4학년도 세 반이었으니 그럴 수밖에 없었다. 그런데 나는 그때도 빠릿빠릿하지 못하고 굼떴다. 그러니 내 손에 와 줄 괘도는 하나도 없었다. 빈손으로 자료실을 나오면서 헛헛했다.

'괘도가 다야? 수업만 잘하면 되지.' 스스로 위로했으나 마음 편할 리 없었다.

패잔병처럼 교실로 들어왔다. 보란듯이 괘도 하나 걸지 못한 나는 언제 장학사가 교실에 들어올지 몰라 조바심이 났다. 드디어 2교시 국어 시간에 앞문이 열리고 교감 선생님이 대동한 머리 벗겨진 장학사가 쓰윽 들어왔다. 지금 같으면 수업 중에 앞문으로 들어온다는 것은 그때는 어림도 없는 일이지만 그랬다.

이순신 장군의 셋째 아들인 면, '면의 죽음'이란 단원을 독해하고 있던 참이었다. 그는 교실 맨 뒤로 가서 입을 꾹 다문 채 교탁 앞에 서 있는 나를 빤히 쳐다보았다. 장학사가 그렇게 쳐다보고 있는데 책만 읽고 풀이할 수는 없었다. 백의종군하는 심정이었다. 어떻게 수업을 전개하지? 아뜩한 순간 나는 수업계획에도 없는 이야기가 쑥 튀어나왔다.

"우리 학교 충무관에 가본 사람?"

당시 충남에는 충효 교육이 강조되고 있었는데 충의 모델이 이순신 장군이었다.

1교사라고 부르는 본관 교무실 복도가 충무관이었다. '충무관'이란 이름을 크게 써서 걸고 장군 사진과 거북선 그림 등 임진왜란을 비롯한 업적들이 게시되어 있었다.

그러나 내 질문에 서로 저희끼리 쳐다만 볼 뿐 한 명도 손을 들지 않았다. 그때 우리 4학년은 돌계단을 한참 내려와 별관 세 개 교실에서 공부하고 있었다. 3교사라고 부르는 그곳에서 볼일 없이 1교사 본관에 아이들은 가볼 턱이 없었다.

아무도 손을 들지 않으니 난감하기 그지없었다. 고요가 잠시 흘렀다. 장학사는 무표정하게 나와 아이들을 쳐다보고만 있었다. 수업을 잘한다는 것은 교사와 학생의 활발한 상호작용인데 학생이 꿀 먹은 벙어리니 별수 없었다. 아직 안 가본 충무관을 꼭 가보라며 다시 설명하기 시작하는데 그는 앞문으로 휙 나가버렸다. 그때의 허탈감이라니! 뒷맛이 씁쓰름하기 짝이 없었다. 그러나 한 번 왔다 갔으니 그 무서운 장학사가 또 감독하러는 안 들어오겠지 하는 안도감, 그나마 다행이었다.

오후 3시가 되자 급사라고 불리는 아가씨가 내려왔다. 교실에 방송이 안 되던 시절이었다. 장학사가 교사들 반별 수업 장학지도를 한다고 어서 교무실로 모이라는 것이었다. 금방 오전처럼 기분이 씁쓸해졌다. 힘없이 내 자리에 앉았다. 초점 없는 눈으로 혹평과 질책당할 각오만 단단히 하고 있었다.

교감 자리에 앉았던 장학사가 일어나서 첫 마디를 시작했다.

"오늘 가장 신선하고 감명 깊은 수업을 봤어요. 4학년 2반의…."

아니, 뭐라고? 귀가 의심되었다. 그는 분명히 우리 반 이야기를 하고 있었다. 그리고 계속 말을 이어갔다.

"선생님들은 장학사가 무서운가 봐요. 너무 긴장들 하십니다. 그래서인지 괘도 하나 걸어 놓고 주제에 안 맞는 수업을…."

그런데 나는 자기에게 잘 보이려고 일부러 꾸미는 수업을 안 했다는 것이었다.

"1교사 충무관을 가보라!" 그야말로 모처럼 살아있는 수업, 현장을 체험자료로 안내하는 참신한 수업을 보고 감동했다고 했다.

그게 뭐 그리도…? 나는 고개를 갸우뚱하며 멍멍한 기분으로 감수했다.

반별로 교사들 수업 평이 끝났다. 잘했건 못했건 교사들은 그 권위로부터 '해방된 민족'이 되었다. 장학사는 교장, 교감을 비롯한 전교 선생님이 운동장까지 쫓아 나가는 극진한 배웅을 받으며 돌아갔다. 그 뒤 교장, 교감 선생님이 교장실로 나를 불렀다. 두 분은 무슨 일인지 아주 흡족한 표정으로 나를 맞았다.

교무실에서 수업 합평회를 하기 전에 미리 교장실에서 교사 수업 전반에 대해 장학사님과 이야기를 나눴는데 주로 내 칭찬이었다고 했다. 신출내기 여교사가 장학사를 겁내 하지도 않고 주변의 현장을 자연스럽게 교수 학습 자료로 끌어 온다는 건 평소 실력이라며 대단한 교사라고 했다는 것이다.

"그러니까 제 막내 여식을 그 반에 넣었답니다."

교장 선생님은 장학사에게 맞장구를 치셨다고 교감 선생님이 말했다.

참, 얼떨결에 충무관 가봤냐는 한마디 나온 말을 가지고 수업 잘하는 선생으로, 딴사람도 아니고 그 무서운 장학사에게 추킴을 받다니 참 묘한 기분이었다.

그로부터 10년 후 남편 근무처에 따라 경기도로 전입했다. 경기도교육청에는 충남에 없는 수업 실기 대회가 있었다. 그러나 당시 그 대회는 최우수상이라 해도 요즘처럼 승진 관련하여 어떤 부가점수가 없었다. 더구나 시군에서 단 한 명뿐인 그 상을 받는 일도 쉬운 일이 아니었다. 그러니 65 학급 송탄송신학교에서도 참가 희망자가 없었다.

"우리 같이 큰 학교가 체면이 안 서게 한 명의 신청자도 없다니 말이 됩니까!"

학교에서는 학년별 한 명씩 대회에 참가하라는 명령이 떨어졌다. 별 수 없이 2학년에서는 10개 반 교사 중 내가 30대 초, 두 번째로 젊다면서 떠밀리다시피 학년 대표로 수업을 하게 되었다. 몇십 대 일의 경쟁에서 잘할 수 있을지 막연했으나 기도하면서 실기대회를 준비했다. 다행히 특출하게 훌륭한 수업이란 칭찬을 받으며 최우수상인 경기도 교육감상을 탔다. 그때 교장, 교감 선생님은 나보다도 더 기뻐하셨다.

이듬해부터는 주임 교사도 아닌 어린 나이에 평택군교육청으로부터 수업 실기 대회 심사위원으로 위촉을 받았다. 내 수업을 평가했던 L 장학사님의 추천이었다. 나로서는 일개 교사가 동료 교사들의 좋은 수업을 많이 참관하게 되는 황송한 횡재였다. 따라서 많이 배웠다. 그 덕분에 교감 시절, 인천교육대학교 교생들 수업 지도나 장학사 시절, 수업 장학에도 넉넉한 바탕이 되었다.

지금 회상해 보면 모교 촌뜨기 초년교사 시절 무서웠던 장학사 칭찬 덕분이었을까. 그 모두가 나의 교직에 내리신 하나님의 은총이었다.

# 철부지 여걸

1968년 3월 1일자 충남신문 신규교사 발령 명단에는 내 이름이 없었다.

당시에는 임용고사도 없이 교대 졸업장 하나만으로 발령내 주던 때였다. 졸업생 5% 정도만 내주는 대전시 대상까지 되었지만 나는 초등학교 조기입학생이었다. 교사는 만 20세가 되어야 한다는 조건에 미달하여 미발령이었다. 당연하게 알고 있었지만 서운했다. 그런데 모교에서는 나를 구두로 발령하고 서산군 교육구청에는 교사 정원 하나를 주지 말아 달라고 신청했다. 어이없는 행정이지만 그게 통하던 시절이었다.

그렇게 서산군에서도 가장 후진 시골 팔봉 모교에 무보수 임시교사로 교직에 첫발을 디뎠다. 3월 신학기에 공주교대 남자 동창 2명과 함께 정식 교사처럼 운동장에서 학생들에게 부임 인사를 하고 담임까지도 배정받았다. 4학년 2반이었다. 그런데 교사생활을 하면서도 은근한 걱정 한 가지가 있었다. 만 20세가 되는 날에는 틀림없이 정식 발령이 날 텐데 1차로 대전시를 지망한 나는 대전시로 발령이 나면 모교에는 어떻게 책임을 져야 하나 하는 일이었다. 그러나 다행히 염려는 헛것이 되었고, 모교에 남겨진 정원 한 자리가 그대로 내 자리가 되었다. 드디어 만 20세가 된 이튿날 팔봉초교의 정식 교사가 되었다.

이미 담임하고 있는 4학년을 가르쳤다. 이듬해는 1학년을 맡았는데 여교사가 딱 한 명이어서 1학년 율동 때문인 것 같았다. 다음 해는 6학년 2반 여자반을 배정받았다. 당시 초등학교의 6학년 담임은 실력 있다고 인정받는 남자 교사들이었기에 여교사가 담임한 것에 대해서 대단한 것처럼 말들을 했다.

6학년 여자반 학생은 52명이었다. 실태조사를 했다. 부모님이 중학교에 보내준다는 학생을 알아보았더니 열 손가락 남짓이었다. 이들의 10년 선배인 내가 6학년이었을 때나 크게 달라진 것이 없었다. 십 년이면 강산도 변한다는데 이 깊은 시골의 농촌 가정은 딸에 대한 교육열은 여전히 없었고 나도 가난한 그 시대 상황을 받아들일 수밖에 어쩔 도리가 없었다.

다음은 장래 희망, 꿈을 알아보았다. 그러나 꿈이 뭔지도 모르는, 꿈이 없는 아이들이 대부분이었다. 다행히도 선생님과 간호사가 꿈이라고 두어 명이 썼는데 뜻밖에도 차장이 되겠다는 아이가 그보다 더 많았다.

버스라고 해야 팔봉면은 합승이란 다인승 봉고차가 하루에 서너 대

서산 읍내까지 왕래할 때였다. 그 합승차 여자 안내원을 '차장'이라고 불렀다. 차장 아가씨는 차비를 일일이 받아 앞치마 포켓에 넣고 태운 뒤 버스 문을 두들기며 "오라잇!" 하고 외쳤다. 운전사는 그 외침에 따라서 가기도 하고 서기도 했다. 그런 위력을 가진 차장. 그보다도 불룩한 앞치마 주머니에 가득한 돈은 가난한 아이들에게 유혹이었을지도 모른다. 그것이 차장이 되겠다는 꿈을 꾸게 한 것이 아니었을까. '아이들의 꿈'이라고 하기엔 한숨이 나고 안쓰럽기만 했다.

'이러한 아이들을 위해서 내가 할 수 있는 일이 무엇이 있을까.'

생각하다 보니 장래 꿈과 희망보다 더 우선할 과제가 있었다. 진학하지 못하는 태반의 아이들을 위해서 중학 문에 한 발짝이라도 들어가 본 것처럼 가르치는 일이었다.

'그래. 한자와 영어를 조금이라도 가르쳐 주자.'

그러기 위해서는 아침 자습시간과 방과후 시간을 최대한 활용하기로 했다.

학년 초부터 중학 입문과정을 시작했다.

첫째, 신문 한 줄이라도 읽을 수 있도록 한자. 둘째, 알파벳과 기초적인 생활영어 단어. 셋째, 초등학교 동요가 아닌 중학교 음악책에 나오는 외국 민요나 가곡. 넷째, 일반적인 생활상식과 역사 이야기를 가르치기로 정했다.

한자는 생활 한자 중 쉬운 글자를 선택해서 응용해 보도록 가르쳤다.

조금 익숙해지자 가족들 이름도 한자로 써보게 했다. 절기가 돌아오면 '입춘立春 우수雨水 경칩驚蟄….' 한자의 훈으로 설명하고 사계절을 공부했다. 입춘부터 소한 대한까지 숨도 안 쉬고 24절기를 단숨에 줄줄 외우게도 했다.

제사 지낼 때 상 차리는 법이라며 홍동백서紅東白西, 어동육서魚東肉西 좌포우혜左脯右醯 등도 한자 뜻으로 이해시켰다. 눈을 반짝이며 즐거워하는 아이도 있었지만, 습득이 안 되는 아이들도 있었다. 그러나 나의 목표는 성취도에 있지 않았다. 수박 겉핥기 식이라도 한자와 영어를 맛보고 공부하게 해 주는 것으로 만족했다.

물론 정규 시간에 6학년 교육과정을 충실히 가르치는 일은 기본이었다. 그래서인지 일제고사를 보고 나면 6학년 세 반 중 평균점수가 월등했다.

어느 날은 남자 반인 1반 반장 L이 복도에서 내 앞으로 다가왔다.

"우린 선생님한티 맨날 혼나유. 지지배덜한티 떨어진다구유."

녀석은 잔뜩 부풀린 볼에 입술까지 부루퉁하게 내밀고 말했다. 녀석이 내민 입술만큼 우리 여자반 아이들의 자존심은 자라났을지도 모른다. 그렇게 우리반 아이들은 선생 열정 이상으로 따라 주었다.

그렇게 공부하면서 1학기가 지났다. 2학기 초 서산군교육구청에서 장학사가 왔다. 장부는 오후에 점검하고 1교시에 6학년부터 수업 장학 시찰로 교실 순회를 한다고 했다. 교사들은 모두 긴장한 채 순시 대비를 위해 자료실을 뒤졌다. 나도 이것저것 자료를 찾아 보았지만 마땅한 자료도 찾지 못했는데 시작종이 울렸다.

급한 마음으로 교실에 들어갔더니 칠판 한가운데에 '家집 가'가 크게 쓰여 있었다. 그날 아침자습용 한자였다. 전날 퇴근 전에 백묵으로 써 놓고 간 그대로였다. 여느 때 같으면 아침 자습시간에 이미 공부했을 것이었다. 괜히 자료 찾는다고 허탕치면서 왔다갔다하다가 한자 시간을 놓쳐버린 것이었다. 1교시는 산수 시간이었다.

칠판지우개를 집었다. 그러나 순간 생각했다.

'아니야. 첫 시간 산수를 뒤로 미뤄야지 별수 없어.'

집 가家! 집 가家! 외치며 한자 공부를 시작했다. 평소 하던 대로 집 가家! 자를 넣어 낱말과 문장도 만들게 시켰다. 아이들은 가족家族을 비롯해 외가外家, 친가親家, 가정家庭 등 발표를 했다. 또 없을까? 했더니 어떤 아이가 한참 만에 생각났다는 듯 일어나서 큰 소리로 '학교 밑 가게요'라고 했다.

"가게? 응 그건 집 가家, 한자말이 아니고 순수한 우리…."

설명이 끝나기 전에 앞문이 드르륵 열렸다. 힐끗 보니 장학사를 대동하고 온 교감 선생님 모습이 불쑥 보였다. 그렇다고 수업을 멈출 수는 없었다. 뒤따라 들어온 남자 장학사님은 문 앞에 선 채 칠판에 쓰인 한자와 가르치고 있는 나를 번갈아 뚫어지게 쳐다보았다. 한참 동안 그렇게 바라보더니 무표정하게 나가버렸다.

'산수 시간인 줄 알고 왔을 텐데….'

떨떠름하게 신경이 쓰였다.

오후에 교장실로 오란다는 기별이 왔다. 맘에 걸렸던 일, 올 것이 왔다고 생각했다. 교장실에는 교장 선생님과 장학사 두 분이 앉아계셨다. 멀뚱히 서 있는 내게 장학사가 먼저 말을 건넸다.

"조 선생님, 여기 앉아 봐요! 오늘 한자 수업하셨지요?"

"네. 아침자습 못해서요. 산수시간이지만 家(집 가) 자를 공부했어요."

젊은 여교사가 당당하게 대답한다고 여겼는지 장학사는 어이가 없는 표정인 듯했다.

"금년부터 문교부에서 한자교육 절대 하지 말라고 금지 정책 내린 것 아시나요?"

"예. 대충 알긴 아는데요. 그래도 저는 한자를 가르쳐요."

또 대답이 당돌하다고 생각했는지 왜냐고 묻지도 않고 나를 쳐다만 보았다. 그분은 내가 쩔쩔매기라도 할 줄 알았을까?

그가 암묵적인 표정으로 추궁하는 한자교육에 대해서 나는 겁도 없이 소신을 말했다. 우리 반 아이들의 실태, 특히 진학 실정을 소상하게 설명했다.

"우리 반 아이들은 열 명 정도밖에 중학교에 못 가요. 그렇지만 저는 이 아이들이 국민학교만 나왔을지라도 나중에 신문 한 구절이라도 읽도록 까막눈을 뜨게 해주고 싶어요. 그래서 우리 반 한자 교육은 반드시 필요해요."

장학사는 한참이나 그렇게 말하는 나를 빤히 쳐다보며 굳었던 얼굴이 조금씩 풀어지더니 나중에는 미소까지 지어 주었다. 질책을 받으러 불려온 사람이, 더구나 앳된 교사가 이러는 것이 장학사가 누군지를 몰라보는 철부지라니 하는 표정인 것도 같았다. 그런데 나중에 들은 말로, 그는 나더러 여걸이라고 했다고 했다. '하룻강아지 범 무서운 줄 모르듯' 철부지 여걸이라는 것이었을까.

아무튼 장학사는 아까보다 더 환한 얼굴이 되어 교장 선생님을 향해 말했다.

"교장 선생님, 이런 선생님 상 줘야 해요."

"아, 예예. 그렇습죠."

나는 얼떨해졌다. 장학사는 다시 날 보더니 정말 표창하고 싶은 선생님이라고 했다. 완전하게 인정받았다고 생각하니 내 가슴은 뿌듯하게 벅차올랐다. 그런데 다음 말은 역시 장학사다웠다.

"우리는 문교부 정책을 따라야만 해요. 오늘 이후에 한자 지도는 해선 안 돼요."

내 표정을 보며 다시 타이르듯 당부하고 또 당부했다.

별 도리 없었다. 군말 없이 웃는 얼굴로 "예." 하고 교장실을 나왔다.

그러나 문교부 정책이 어떠하고 장학사가 뭐라 한들 내 마음은 눈곱만큼도 변하지 않았다. 가족 이름, 주소 쓰기를 비롯해서 생활 한자 지도에 더욱 열정을 쏟았다. 졸업시킬 때까지 아침자습 한자 공부는 계속 되었다.

50년이 지난 지금, 되돌아볼 때가 있다. 우리 반 52명이 그로써 얼마나 한자를 익혀 일상생활에 사용하고 있을까? 조상 제사에도 며느리로서 상차림 격식에 도움이 되었을까…? 알 길은 없다. 더구나 세상은 옛날 그 시절이 아니다.

어느 신문이든 순 한글을 쓴다. 한자에 막히는 일 없이 읽고 있을 것이고 제사도 간소화되어 진설법은 몰라도 그만일 것이다. 미래를 잘못 짚은 내 가르침이었는지 모르겠다고 생각했다.

그런데 한 달 전 노년에 접어든 그 때의 제자와 통화가 되었다.

"선생님, 오늘이 한로寒露예요. 찬 이슬 맺힌다는 한로요."

"오늘이 그런가? 난 몰랐네."

"저는 선생님이 가르쳐 주신 24절기 지금도 다 외워요."

"어떻게 그걸 지금까지?"

"조동율서棗東栗西, 좌포우혜左脯右醯도 다 기억하는 걸요."

나는 말을 잇지 못했다

철부지 여걸이 그리도 고집했던 것들이 이렇게 희열과 보람의 감동을 주다니….

회갑도 한참 지난 제자가 그리도 사랑스럽고 고마웠다.

통화가 끝나고도 높고 맑은 한로의 푸른 하늘과 행신역 둑길 노랗게 물

들어가는 단풍을 바라보며 한참 회상에 젖었다. 어쩌면 한글로만 써진 신문에서도 한자 뜻을 찾아 독해하며 읽는 제자가 몇쯤은 있지 않을까?

그때 공부하며 외운 것들이 52명의 생활 어딘가에 상비약처럼 쓰이기를….

# 왜 그리 못했던가

42년 6개월을 하루같이 몸담았던 날들이 어제만 같은데 퇴직한 지도 10년이 넘었다.

병가 한 번 내지 않고 내 나름 열정을 쏟아부었던 그 세월을 가끔 돌이켜보게 된다. 혼자서 빙그레 웃음 짓는 일도 있지만, 무엇보다도 제자들에게 속죄하고 싶은 일이 더 많다.

오늘은 S 학교 P가 문득 떠오른다. 그때로 되돌릴 수만 있다면 지혜롭게 사랑을 우려내는 선생이 다시 되고 싶다.

광명시에서 고양시로 전입되어 S학교로 발령을 받았다. 통일로 연변에 있는 전교생 300여 명 남짓한 소규모 학교였다. 그때 나는 교감 승진을 앞둔 터였다. 승진하게 되면 아이들과는 한 걸음 멀어질 수밖에 없는지라 마지막으로 교단에 열과 성을 쏟고 싶은 의욕이 컸다. 그래서 다른 교사들이 희망하지 않는 6학년 담임을 신청했다. 그리고 당시 한국교육개발원의 선진적 자료인 CAI(computer assisted instruction) 프로그램 학습을 비롯해 내 딴엔 온갖 정성을 다했다.

그런데 열악한 환경에 있는 아이들이 많아서인지 내 뜻처럼은 되지 않았다. 한글도 구구도 미해득자를 남긴 채 학년을 마쳐야 했다.

믿었던 교감 차출도 낙방하여 이듬해는 특수학급으로 배정을 받았다. 학년 초가 되자 어머니는 또 6학년을 담임했느냐고 전화로 물어 오셨다.

"아뇨. 이번에는 특수학급 맡았어요."

"아이구, 잘했다. 애덜 갖구 속 좀 들 썩겄구나."

좋아하시던 어머니에게서 이튿날 다시 전화가 왔다.

"에미(며느리) 말이 그러는디 특수반이라는 게 공부 못허넌 애덜 뫼논 반이라며?"

전날 환히 웃음 섞던 어머니의 음성은 안쓰러움으로 잔뜩 배어있었다. 그러나 나는 지난해보다 더한 각오로 특수학급 교실로 들어갔다. 2학년 남학생 두 명과 4학년 남자 한 명 P, 여자는 3학년 한 명으로 모두 네 명이었다. 비록 네 명의 아이들이지만 학년이 달라 3개 학년을 담임하는 것이나 마찬가지였다. 네 명 모두 한글 깨치기가 우선이었다.

국어시간, 미꾸라지 그림을 보면서 된소리 공부를 할 때였다. 부모 없이 할머니 손에서 자라는 2학년 Y가 그림을 보자마자 제일 신나서 자불거렸다.

"미꾸이다! 미꾸이. 나 미꾸이 잡아봤어."

부모 손에서 해맑게 자라지만 한글 해득이 안 되어 입급入級된 같은 학년 J가 나무랐다.

"미꾸이가 뭐냐! 미꾸라지지."

3학년 여아 H는 고개만 옆으로 갸웃하고 있었다. 그러나 가장 위 학년 P는 예나 제나 입술을 한 일(一)자로 다물고 있다. 키도 멀쭉하니 큰 그는 평소에도 교사의 질문에 대답 대신 고개만 끄덕인다. 수업 중에도 딴청이라곤 전혀 없지만 학습 내용을 아는지 모르는지 그저 무덤덤한 표정으로 반응도 보이지 않는다. 쉬는 시간에도 마찬가지다. 교실에서 낄낄낄 천방지축으로 뛰어다니며 술래잡기하는 세 아이들 모습을 멀건히 쳐다만 볼 뿐이었다. 하기야 2년 아래 아우들과 함께 노는 것이 그다지 흥이 나지 않았을지도 모른다.

그렇게 매사 유구무언으로 희로애락 표정을 볼 수 없는 P는 엄마가 없었다. 아버지와 둘이 살았다. 그런 가정환경에서 4학년이 되도록 국어책을 못 읽어 부득이 특수반으로 입급된 것이었다. 점심시간에도 도시락을 가져오지 못했다. 여교사들이 모여서 식사하는 1층 휴게실로 데리고도 갔다. 당시 여교사 5명은 전기밥솥에 밥을 짓고 반찬만 가지고 와서 점심을 해결하던 터였다.

그들은 함께 들어서는 P를 어서 오라며 반겨주었다. 여선생님들과 함께 밥을 먹는 중에도 P는 한마디 말도 하지 않았다. 식사 후에도 교실로 올라가 놀라고 하면 '잘 먹었습니다.' 인사 한마디 하지 못하고 그제야 자리를 떴다. 그저 선생 말대로 따를 뿐이었다.

겨울이면 난로에 양동이 물을 덥혀 쩍쩍 갈라져 피가 나는 손등의 때를 벗겨주기도 했다. 그런데 어느 날 수업 중에 P가 머릴 긁었다. 왜 그러지? 그런데 잠시 후 또 긁었다. 설마 이가 있어서 그런다고 생각하진 않았다. 이라는 것을 까맣게 잊고 있었던 때였으니까.

수업을 마치고 P만 남겼다. P의 머리카락에는 서캐가 비지밥처럼 붙어있었고 몇 마리의 이도 보였다. 퇴근길에 연신내 시장에 들러 참빗을 구했다. 이튿날부터 다른 아이들을 하교시킨 후에 P는 남게 했다. 먼저 때 지난 달력 한 장을 찢어 책상 위에 깔았다. 고개를 숙이게 하고 참빗으로 앞머리부터 뺑 둘러 차곡차곡 훑어 빗겨 내렸다. 후드득 툭! 툭! 달력의 하얀 이면지 위로 까만 이들이 떨어져 내렸다. 마치 흑임자 끝물 털이 하는 것 같았다. 몇 차례 빗긴 후에는 이를 한 가운데로 몰아놓고 달력을 반으로 접었다.

그리고는 엄지손톱을 밑으로 돌려가며 힘줘 눌렀다. 달력 속에서 똑! 똑! 이 터지는 소리가 끝날 때까지 그랬다. 무참했지만 모두 압사시키고 나면 소탕이랄까 박멸의 쾌감도 있었다.

"자, 오늘은 그만하고 내일 또 잡자."

이튿날 또 그 이튿날 다른 아이들 모르게 계속했다. 그렇게 잡아내건만 이는 쏟아져 내렸다. 어디서 숨었다가 다시 나오는지 알 수 없는 노릇이었다. 달력만 들면 P는 준비태세가 되어 아무 말 없이 달력 이면지 위에 머릴 숙여서 대었다. 얼마가 지나서 드디어 한두 마리로 줄었다. 그 후로는 참빗질을 해도 헛품 파는 일이 되었다.

“요즘은 잘 때 안 가렵지?”

늘 그렇듯 고개만 끄덕였다. 집에 보내놓고 교실에 혼자 앉아서 생각해보았다. 속담에 “과부는 구슬이 서 말, 홀아비는 이가 서 말”이라더니 단칸방에서 사는 P의 아버지에게도 이가 있을 것 같았다. 저리는 마음으로 그 아버지를 상상 해봤다. P가 착한 걸 보면 선량한 분일 것 같았다. 사연은 모르지만 엄마는 이들을 어떻게 떼놓고 어디로 갔을까.

일산 O 학교로 전근하게 되었다. 전 학교와 비교할 수 없이 좋은 교육환경이었다. 특수학급이 없었다. 그곳에서 S학교의 특수반 학생들이 생각나곤 했다. 간간이 S 학교 선생님을 만나면 소식을 물었다. 특수교육을 전공한 총각 교사가 맡아 잘 지내고 있다고 했다. 그렇지만 어찌 조 선생님 손길 같겠냐고 했다. 누구보다도 P가 맘에 걸렸다. 그렇다고 찾아가 볼 수도 없었다. 그저 잘 지내길 바라는 마음뿐이었다.

지금 생각하면 나는 그때 어쩌면 그렇게 지혜 없는 선생이었는지 너무 안타깝다. P에게 배고픔을 좀 덜어주고 손등의 때를 벗기고 이 잡아서 가려움 덜어주는 걸 동료 교사들이 대단하다고 하니 그런가 생각했던 못난 선생이었다.

아무리 말이 없다 해도 속이야 없었을까. 자기 처지를 모를 리 없었을 것이다. 불우한 가정환경을 짓누르는 자괴감으로 그렇게 의욕 없이 매사에 자제를 당하고 있었을지도 모를 P.

그 P가 한글, 밥, 머릿니 그 어떤 무엇보다도 애들과 함께 신나게 뛰고 놀 수 있도록 활기를 갖도록 하는 게 선생으로서 우선이어야 했던 걸 이제야 깨닫는다.

특수학급 비록 4명일지라도 학년 높은 그에게 반장으로 임명하고 쩌렁쩌렁 큰 소리도 내도록 훈련시켜서 "일어섯, 열중 쉬어, 차려! 선생님께 경례!" 시시때때 구령을 붙이게 했더라면 얼마나 힘이 실렸을까. 아마도 반장의 자부심을 가지고 3명의 아우들과 밝게 공부하며 까불면서 놀았을지도 모른다. 왜 그리 못했던가!

머릿니를 잡을 때도 그랬다. 선생 앞에 머리 숙여 대주면서도 얼마나 주눅이 들었을지 어린 마음이지만 저의 그런 처지를 운명처럼 받아들이고 순복했을 것 같다.

그때 나는 사실이건 거짓이건 이렇게 말했어야만 했다.

"P야! 선생님도 초등학생 때는 이가 엄청 많았단다."

따뜻하게 이 한마디만 했더라도 P는 꽉 다물어진 입에 웃음이 간간 흘렀을지 모른다. 왜 그리 못했던가! 이제 와서야 가슴 아리고 눈시울이 젖는 회한이 솟구친다.

지금은 가장이 되었을지도 모를 P. 그에게 뜨거운 속죄의 마음과 염원을 보낸다.

'P야! 미안해. 어디서든 자신감 가지고 활기차게 살아다오.'

# 가포家抛

50이 넘은 나이에 장학사가 되었다. 밀레니엄이 시작되기 한 해 전이었다.

장학사추천제도가 있다면 조 주임을 도교육청 장학사로 보내고 싶다던 문교부 연구학교 L 교장 선생님 말씀이 새삼 생각났다.

도교육청 초등교육과장을 역임한 분 말씀이라 그 때는 은근히 자부심이 생겼었다.

장학사 발령 전 연수는 수원 파장동에 있는 국가전문행정연수원에서 있었다. 전국 예비장학사 백여 명이 모여 한 달 동안 교육을 받았다. 연수성적이 좋았는지 수료식에 우수연수자 상장을 받으러 단상에 올라가기도 했지만 지금까지도 기억나는 것은 어떤 강사의 한 마디만 역력하다.

"장학사로 발령되기 전 제일 먼저 가족들에게 '가포家抛'를 선언하세요."

가정을 던져 버리라는 뜻이었다.

부천서초교 교감에서 집 가까운 고양교육청 장학사로 발령을 받았다.

부임하여 내 자리를 안내받고 보니 책상 위에는 어떤 내용인지 몰라도 A4 문서가 수북이 쌓인 채 나를 기다리고 있었다.

관내 학교 6학년이 강원도에 수학여행을 갔다가 한 어린이의 익사 사고가 있었다. 그 처리 문서였다. 첫날부터 '가포'의 시작이었다. 다음 날도 그다음 날도 초과근무를 했다. 정작 수업 장학지도의 업무는 없고, 각종 민원처리, 학교에서 들어오는 공문을 취합하고 통계 내어 상부에 보고하는 잡무로 인해 정신이 없을 지경이었다.

당시는 전산 업무가 시행되기 전이라 무슨 일이든 수작업이었다. 더구나 일반 업무를 도와주는 공익요원마저도 교육청에 배정되지 않았던 때라 오로지 내 몫이었다.

공문을 생산하여 아저씨들에게 등사를 맡겼다. 등사가 끝나면 장학사는 일일이 학교 공문 함에 꽂아 넣는 일을 했다. 장학자료라고 이름하는 책들도 수시로 산더미같이 쌓였다. 70여 개 학교를 소규모 대규모 학교별로 수량을 분배해서 1층에 있는 문서실 함에 위로부터 아래까지 허리를 구부렸다 폈다 해가며 집어넣었다. 책상 앞에서 마우스를 움직이며, 펜대 굴리는 일 외에 감당해야 할 한 부분이었다. 그러다 보면 후딱 지나가는 시간이 금쪽같이 아까웠다.

그런 일로 토요일까지도 야근을 밥 먹듯 했다. 모두 똑같이 바빠 서로 도와줄 수도 없는 가포들이었다.

교실 두 칸 크기의 학무과 사무실에는 초등 중등 장학사가 함께 근무했다. 여름이면 햇볕이 학무과에 인정사정없이 들어와 몹시 더웠다. 그러나 학무과장님 자리 구석에 작동되는지도 모르는 에어컨 한 대가 서 있을 뿐, 장학사들 자리에는 선풍기도 없었다. 더위를 못 이긴 나는 그나마 접시만 한 탁상용 선풍기를 사다가 테이블 위에 올려놓고 바람을 쐬었다.

어느 야근 날, 중등의 젊은 남자 P 장학사가 얼굴에 땀을 닦으며 말했다.

"우리 어머니는 이렇게 말씀하셔요. 암만해도 네가 업무능력이 떨어지는 거 아니냐?"

그 말에 모두 큰 소리로 웃었지만 어쩐지 웃음소리는 공허했다.

날마다 오밤중에 퇴근하는 아들을 그렇게 밖에 이해 할 수 없으셨으리라. 그렇게 일하고 자정 가까이 퇴근할 때는 곳곳에서 음주 단속을 했다. 정장 차림을 했을 땐 경찰봉을 패스 신호로 휘둘러 보내기도 했지만 빨간 버버리코트나 화려한 색의 간편복을 입은 날은 영락없이 차를 세웠다. 술 한 모금 못 마시는 나는 경찰이 대주는 측정기를 입에 대고 후~ 부는 데에 거부감없이 익숙해졌다.

그토록 밤낮없이 분주해도 그 일은 나 혼자 처리만 하면 그만이었다. 그런데 분기별, 월별로 계획한 학교별 수업 장학을 하러 현장에 갈 때는 적지 않은 부담이 되었다.

당시 교실에서는 '열린 교육' 열풍이 한창이던 때였다. 다양하게 열린 수업을 전개할 교사들에게 어떻게 장학지도를 해야 할지 그들의 교수-학습과정안을 미리 받아서 몇 번씩 읽었다. 열린 교육의 이론과 실제란 책자도 숙독하며 수업 장학지도 내용을 준비했다. 마치 공부하는 학생으로 돌아간 것 같았다.

문제는 영어과 수업 장학지도였다. 젊은 교사들은 영어로 술술 수업을 했다. 학창시절 영어를 아무리 A+ 받아봤자 당해내지 못했다. 그들이 부러웠고 주눅도 들었다. 나는 사전을 손에 들어야 했고 비교문장을 여기저기 찾아보며 발음이나 회화 공부까지도 했다. 나이는 들었어도 명색이 장학사 아닌가. 다행히 수업이 끝나면 영어 잘하는 교사끼리 조직된 협동 장학이 있었다. 그 팀과 함께 교수-학습지도 과정, 학습지도 법만 조언하며 어쭙잖은 장학을 했다.

당시 장학 조류는 협동 장학뿐 아니라 교내 자율장학이 활성화되고 있었다. 그렇지만 나는 전문가다운 장학사가 되어 임무를 다하고 싶었다. 어떤 때는 지도안을 집에까지 싸 들고 와서 자정을 넘어 새벽까지 눈을 끔벅이기도 했다. 그러니 주부라는 이름만 있을 뿐 끝없이 이어지는 가포였다.

옛날에는 학교와 교사를 통제하고 조사 · 지도 · 감독하는 절대 권력을 가지고 있었던 게 장학사였다. 무서운 관료로 군림한 평가자였다고 친구들은 초등학교 때 일을 회상하면서 웃곤 한다. 내가 교사 초임 시절 장학지도를 받을 때만 해도 얼마나 긴장하였던가. 너나 할 것 없이 대청소부터 시작해서 장학 대비에 그야말로 달포 전부터 노심초사했었다.

그로부터 30년 지났는데 학교 유리창에 붙어있는 아이들? 턱도 없었다. '학교행사로 바빠 죽겠는데 하필 이때 오세요?' 그런 느낌마저 있는 학교도 있었다. 물론 다 그렇진 않았지만 옛날 감독관(Supervisor)으로 나타났던 무섭고 높던 장학사는 어디에도 없었다. 하기는 대학 시절 교육학 교수는 미국이나 유럽의 장학사는 자료를 한 가방 가득 차에 싣고 교사들을 도와주러 간다는 말을 강조하며 헬핑 티처(Helping Teacher)라고 했다. 그렇지만 그 말은 남의 나라 이야기였을 뿐이었다.

그러나 우리도 강산이 세 번 바뀌어 그 위상이 완전하게 탈바꿈되었다. 교사들에게 자료를 제공하며 수업 장학을 하고 오히려 그들로부터 장학능력 평가를 받는 처지가 되었다. 어쩜 격세지감이란 말은 이런 때 쓰는 것일까. 아무튼 장학사獎學士는 흔히들 말하는 '백 투 더 베이직(Back to the Basic)', 본연의 자리를 찾았다 하여도 좋을 것 같았다.

이제 퇴직한 지도 어언 11년 고개를 넘었다. 그 시절을 담담하게 회상해 볼 때가 있다. 어느 연수회에서 만난 경기도교육연구원 L 부장님 말이 생각난다.

"조 장학사님은 살림도 잘한다면서요?"

뜬금없는 칭찬이었다. 출근 가죽가방 속에 헝겊 시장 가방을 하루도 빼놓은 적이 없는 걸 본 누군가가 전한 말일까. 실로 남자만 넷 있는 우리 집은 내가 완전 가포가 되어서는 아니되었다. 그 좋은 잠을 줄이며 시간을 쪼개 내는 걸 보는 사람들은 슈퍼우먼이라며 대단하다고 했다. 하지만 당시 장학사들은 누구나 슈퍼맨, 슈퍼우먼 가포자였다.

그렇게 가포를 하면서까지 교육 활동을 지원하고 조력하는 지원자, 그 본연의 전문적인 장학사 책무를 잘 감당했는지? 과연 교사의 가려운 데를 딱 짚어서 시원하게 긁어주는 장학지도를 했는지…. 돌이켜보면 아쉬움과 부끄러움도 일어온다.

그러나 관리자들과 교사들 중에는 긍정적으로 나를 인정하고 실력 장학사라고 평가하는 사람도 있어서 기분이 좋을 때도 있었다.

또한 교육청 내 책상으로 교수학습지도안, 각종 연구보고서 등을 들고 찾아온 교감 교사들도 적지 않았었다고 스스로 위안도 해 본다.

고양, 수원, 의정부 제2청사에서 불철주야 7년 가포의 세월이 아득한 그리움 되어 안개꽃처럼 나를 휩싼다.

# 나보다 한 수 위

오래전이었다. 초등학교 시절 한 동네 살던 소꿉친구들이 처음으로 서울에서 모였다. 어린 날 고향에서 헤어진 후 30년 만에 만난 친구도 있었다. 충청도와 경기 곳곳에서 올라온 우리는 이런 저런 살아온 이야기들로 꽃을 피웠다. 그런데 갑자기 수원에 살고 있는 A가 신기하게 생각났다는 듯이 말했다. 어느 날 우연히 텔레비전을 보니까 절약하고 저축을 잘한 모범공무원에게 상을 주더란다. 춘호가 이 상을 타겠구나 싶어 관심을 가지고 유심히 보았는데 웬일인지 내가 안 보이더라고 했다.

그는 우리 집 바로 아랫집에서 산 데다 초등학교 6년 내내 같은 반이었기 때문에 다른 친구들보다 나를 아주 잘 알고 있었다. 틀림없이 내가 그 상을 받을 줄 알았는데 이상했다고 했다. 그러자 A뿐 아니라 다른 친구들도 모두 한마디씩 거들었다.

"춘호 잰, 하다못해 쌀 씻은 맑은 물도 그냥 안 버렸어. 흙걸레 빨고 버린 애야!"

"말도 마. 춘호 중학 여름방학 때 집에 한 번 가보니께, 글밭 매는 일꾼들 실참 준다구 감자를 찌더라. 그런데 글쎄, 일꾼 숫자에 곱하기 몇 개, 세어가꾸 찌더라구."

"학용품은 얼마나 애꼈다구. 새 공책은 벽장에 쌓아두고 마분지에 줄 쳐서 썼지?"

"잰 우리네 집보다 부자로 살았으면서도 어째 그랬나 몰라. 암튼 엄청 아끼고 알뜰했어. 지금도 그렇지? 그럴 거야. 그런데 그런 널 왜 상 안 주는 거야?"

나는 기억도 나지 않는 이야기들을 줄줄이 쏟아냈다. 모두 어린 시절을 회상하며 웃었다. 함께 따라 웃을 수밖에 없었다. 아무튼 내 소꿉친구들은 그 저축모범공무원상을 내가 받지 못한 것이 서운한 것 같았다. 내가 어릴 때부터 알뜰하게 절약 생활을 한 것은 사실이지만 그러나 정작 모범 저축왕은 따로 있었다.

요즘은 각 관공서, 교회 등 웬만한 건물의 화장실에는 핸드타월로 종이수건을 사용한다. 그런데 나는 사람들이 쓰윽 빼서 손끝 한 번 씻고, 휙 버리는 걸 볼 때마다 마냥 아깝다.

어떤 화장실에는 "한 장에 10원입니다."라는 문구가 아껴 사용해달라고 애원하듯 붙어있는 곳도 있다. 그러나 아랑곳없는 사람들이 많다.

한 장도 아니고 두 장 석 장을 아무런 의식 없이 쓱쓱 빼 쓰고 통에 던져 버리는 사람을 보면 안타깝다 못해 속이 상한다. 그러나 나이 먹었다고 해서 그런 내색도 쉽지 않은 시대다.

그때마다 20년 전, 경기도교육청 화장실 종이수건이 떠오른다. 그곳 초등교육과 장학사로 근무할 때였다. 당시 도교육청 화장실에는 병원이나 백화점 화장실에도 흔치 않았던 1회용 종이수건이 걸려 있었다. 참 의외의 복지환경이었다. 나는 손을 씻고 물기를 닦은 한 장도 그냥 버리는 게 아까웠다. 일반 화장지처럼 쉽게 찢어지지도 않았다. 물기 머금어 촉촉한 종이수건은 재활용해서 책상 위아래 걸레용으로 쓰면 아주 그만이었다.

'더러운 것이 묻은 것도 아니고 내 손 닦은 건데 뭐.'

네모지게 접어 사무실로 가져와 책상 위, 컴퓨터, 프린터기, 책상 밑 먼지를 닦고 버렸다. 사무실에는 큰 원통 청소기가 책상 사이를 간간히 돌아다니긴 했다. 그러나 전선줄 엉킨 책상 밑은 그냥 지나갔다. 거기에 물기 묻은 종이수건은 딱이었다. 둥글둥글 뭉쳐 친 먼지가 엎드린 손의 종이수건에 묻혀 나올 때는 무슨 보물이라도 줍는 것 같았다.

어느 날, 칸막이 위 먼지를 닦느라 일어서니 앞자리에 앉은 S 장학사가 보였다. 나를 봐주면 좋으련만 그는 컴퓨터만 들여다보며 업무에 몰두하고 있었다. 그런데도 나는 기어이 그 앞에 때 묻은 종이수건을 흔들어 보였다.

"나는 이런 사람예요."

그는 씩 웃었다. 그러더니 자기 컴퓨터 모니터 뒤로 손을 뻗어 뭔가를 들어 올렸다.

"보실래요? 전 말렸다가 다시 써요."

이미 사용하여 구겨진 걸 판판하게 펴 말린 종이수건이었다.

'어떻게 남자가 저럴 수가!'

그는 나보다 한 수 위였다. 나는 멋쩍게 웃고 말았다.

그날 업무가 끝나고 그의 지나온 이야기를 듣게 되었다. 그는 고향 초등학교를 졸업하고 객지 읍내 중학교에 다녔다. 그때부터 부모님께 받은 용돈은 금전출납부를 꼭 썼고 주말이면 집에 가 그걸 아버지께 보여드렸다. 아버지는 수판알을 튕겨 본 후 한푼 안 틀리게, 쓸 곳에 잘 썼다고 칭찬해 주셨다고 했다.

교사가 되어 월급을 받으면서도 그 습관은 계속되었다. 아내와 가족은 물론이고 주변에서 인정하는 알뜰한 가계운영으로 저축을 했노라고 했다. 그런데 마침 국가에 저축우수모범공무원 시상 제도가 있었다. 나라에 오죽 돈이 필요했으면 그런 제도를 다 만들었을까 생각할 수 있지만 내가 교사 첫 발령을 받았던 1960년대 그 시절 우리나라는 하루 세끼 먹기가 어렵게 가난했다.

지금은 세계에서도 잘사는 경제대국이 되었지만 그 시대는 잘살아 보자고 경제개발계획을 세우고 온 국민이 절약하고 저축하여 힘 모아

줄 것을 호소하던 때였다. 심지어 국민 저축률 하락 통계 공문이 학교까지 내려왔다. 그러면 교실에서는 안간힘을 모아 저축률을 상승시켜야 했다. 여북하면 교장실 벽판에는 각 학급별 저축 막대그래프가 들쑥날쑥 그려져 있었고 막대가 짧은 반 교사들은 교장의 훈시를 들어야 했다. 담임들은 서로 앞다투어 그래프 길이를 올리려고 먹고살기조차 힘든 학생들에게 저축을 장려했다. 말이 장려이지 전교 꼴찌가 싫어서 강요하는 교사도 없잖아 있었다.

은행도 없던 시골에서는 담임이 1주일에 한 번 저금 돈을 걷었다. 그 돈은 우체부가 편지 배달하러 왔다가 자루에 넣어 가져갔다. 우체국 저금을 했던 것이다. 거기서 1등 학급은 저축우수상장을 받았고 액수와 횟수가 많은 학생에게는 학교장 표창을 했다. 그러니 그 시절, 공무원 저축인들 예외였겠는가.

S 장학사는 알뜰 살림으로 저축한 사례를 써서 제출하고 증빙자료도 냈다. 결과는 전국 저축 우수 모범공무원 우수상으로 뽑혔다. 상금으로 거금 50만 원도 받았다고 했다. 친구 A가 나에게 왜 텔레비전에 안 나오더냐고 한 바로 그 상이었다. 종이수건을 재활용하며 자랑하던 내게 그걸 다시 빨아 말린 것을 내민 S 장학사. 내게 왜 상을 받지 못했느냐고 묻던 친구들에게 그보다 확실한 답이 필요 없을 것 같았다.

그래도 내가 그만은 못했을지라도 버금은 간다 할까. 세 살 버릇 여든 간다고 고희를 넘긴 지금까지 창해일속滄海一粟, 하찮은 종이수건 한

장 절약하는 마음은 여전히 변함이 없다.

얼마 전 가족끼리 행주산성 카페에 갔을 때다. 컵이 커서 커피 양이 많을 것 같았다. 다 못 마시니 한 잔 덜 시키고 나눠 먹자고 했다가 거꾸로 아들들의 꾸중을 들었다.

"아이구, 엄마!"

그런 엄마 모습이 궁상맞다며 다 못 마시면 남기라고 했다. 하지만 나는 남아 버리는 게 아깝다. 그런 나는 주변 친구들로 부터 이모저모로 흉도 잡히곤 한다. 그런데도 나는 매사에 작은 것도 그렇게 아껴지는 걸 어쩌나.

지금도 그때 같은 상 제도가 있다면 '알뜰 연공상'이란 이름을 붙여 한 번 받아 볼 수 있을지도 모르겠다.

# 신언서판身言書判이 바른 사람 되자

2008 무자년 한 해, 우리 한내초등학교 교육가족은 즐겁고 신났던 일이나 힘들었던 일 모두 아름다운 추억으로 남기면서, 이제 학년을 마감합니다. 특히 6학년은 제6회 졸업생 선배가 되어 더욱 큰 꿈을 안고 정든 모교를 떠나게 되었습니다.

우리 한내초등학교는 2004년도부터 창간호 《솔내음》지가 발간되어 금번 제5호가 1,000여 한내교육가족 여러분의 꿈과 재주와 자긍심을 싣고 아름다운 추억의 깃발을 꽂으며 출간하게 되었습니다. 자랑스럽고 기쁘게 생각합니다.

아울러 제5호 《솔내음》 발간사를 통하여 교장 선생님은 한내 어린이 여러분에게 '신언서판(身言書判)이 바른 사람'에 대해서 이야기를 들려주고 싶습니다.

신언서판(身言書判)은 중국 당나라 때, 관리로 등용되기 위해 갖추어야 했던 네 가지 조건 곧, 신수 · 말씨 · 문필 · 판단력을 말합니다.

중국뿐 아니라 우리나라도 신언서판이 바른 사람을 추구해 왔습니다.

첫째, 신(身:몸 신)은 우리의 외모를 말합니다. 키와 몸무게가 적당하고 외모가 잘생긴 신체를 갖는다는 것은 부모에게서 좋은 유전자를 받고 영양을 골고루 섭취하여 건강하게 성장하면 가능할 것입니다. 이렇게 외모가 수려하고 반듯한 신체를 갖는 것은 좋은 일이지만 이보다 중요한 것은 예의 바르고 공손한 자세, 그리고 올바른 행동이 신(身)의 기본이 된다는 것을 알아야 합니다.

둘째, 언(言: 말씀 언)입니다. 언(言)이란 사람의 언변을 이르는 말입니다. 사람을 처음 대했을 때 아무리 뜻이 깊고 아는 것이 많은 사람이라도 말에 조리가 없고, 말이 분명하지 못했을 경우, 정당한 평가를 받지 못하게 되기 쉽습니다. 그러므로 바른 말 고운 말로 사용하고, 나타내고자 하는 뜻은 정확하고 분명하며 논리 정연하여 설득력 있게 말하되 공손한 말씨여야 합니다.

셋째, 서(書:글 서)입니다. 서(書)는 글씨(필적)를 가리키는 말입니다. 예로부터 글씨는 그 사람의 얼굴이라 하고 인격 곧 사람 됨됨이를 말해주는 것이라 하여 매우 중요시하였습니다. 그래서 인물을 평가하는데, 글씨는 매우 큰 비중을 차지하였으며, 글씨에 능하지 못한 사람은 그만큼 평가도 받지 못했습니다. 그래서 왕희지, 김정희, 한석봉 등 글씨 잘 쓰는 것을 본으로 배워 왔습니다. 요즘은 컴퓨터로 인하여 글씨 잘 쓰는 것이 학습이나 생활에 무관하게 된 현실입니다만 글씨는 정확하고 바르며 힘있게 잘 써야 합니다.

또한 균형 잡히게 잘 쓰는 글씨뿐 아니라 글씨를 통하여 전하고자 하는 내용을 담는 글을 잘 쓰도록 독서를 통하여 많이 생각하는 힘을 기르고 좋은 글을 쓸 수 있도록 노력하여야 하겠습니다.

넷째, 판(判:판단할 판)입니다. 사람의 문리(文理), 곧 사물의 이치를 깨달아 아는 판단력을 뜻하는 말입니다. 사람이 아무리 신체 모양이 뛰어나고, 말을 잘하고, 글씨에 능해도 사물의 이치를 깨달아 아는 능력이 없으면, 그 인물됨이 출중할 수 없기 때문에 신언서판 중에서 판(判)은 가장 중요하다고도 할 수 있습니다. 사람이 올바른 가치관을 갖지 못하고 쓸모없는 인간으로 살아간다면 이는 판(判)이 부족해서인 경우가 많습니다. 그러므로 정확하고 올바르게 판단하여 인간됨의 기본을 갖춘 훌륭한 사람으로 살아가야 합니다.

우리 한내초 어린이 여러분은 위의 신언서판(身言書判)을 모두 훌륭히 갖춘 이 나라의 동량지재(棟梁之材)가 되어 지혜롭고 아름다운 삶, 행복의 주인공(主人公) 글로벌 인재들이 모두 되어 주길 진심으로 바랍니다.

# 제자의 은혜

스승의 날이 다가온다. 오늘도 50년 전 초임지인 모교母校에서 가르쳤던 제자 윤현이가 보내준 씀바귀즙 한 봉지를 보약으로 마셨다. 혀끝에 감도는 씁쌀한 맛에서 느껴지는 감사의 마음을 말로는 다 못할 것 같아 편지로나마 쓰고 싶어 책상 앞에 앉았다. 그러나 무슨 말부터 써야 할지 그냥 "고마워, 고마워!" 이 말밖에는 할 수가 없었다.

40년 넘는 교직에서 나는 잊지 못할 제자들의 방문을 받기도 하고 가끔은 분에 넘치는 대접을 받기도 했다. 결혼 후 충남에서 경기도로 전입했을 때 초임지에서 가르쳤던 여 제자가 경기도교육청에 내 근무지를 물어 찾아준 걸 비롯해서 제자들을 만난다는 것은 늘 행복이었다.

퇴임하던 해는 내 생년을 알았던지 행정실에 물었다는 제자들. 퇴임식 당일 한아름 꽃바구니, 화분을 안고 찾아왔다. 6학년 때 반장이었던 제자는 단상에 올라와 편지까지 읽어 내 눈시울을 뜨겁게 해 줬다. 참석자들마저도 숙연해졌다고 했다. 제자들로 인해 퇴임식은 더욱 빛이 났고 나로서는 더없는 축복으로 교직을 마감했다. 그것만으로도 교직 43년이 커다란 보람이건만 그중 빼놓을 수 없는 제자 윤현이가 있다.

고양교육청에 장학사로 근무할 때였다. 키가 훤칠하게 큰 남자가 학무과에 찾아와 자기가 '제자 천윤현'이라고 했다. '천윤현…?' 반장을 했거나 공부를 잘했다면 기억할 텐데 얼핏 생각이 나지 않았다. 그러나 순간 떠올랐다. 앞자리에서 장난치기를 좋아하며 귀엽게 까불던, 생글생글 천진난만하게 웃던 웃음이 예뻤던 아이…! 그러나 웃음이 예쁘다고 특별히 예뻐했거나 뭘 잘했다고 칭찬 한번 해 준 기억은 없었다. 그때였다.

"선생님, 절 받으세요."

다짜고짜 콘크리트 바닥에 엎드리려고 했다. 내가 뭘 그리 대단한 스승이었다고 큰절이라니! 아니라고 손사래 치며 말렸지만 나는 이미 큰절을 받은 것 같았다. 지금도 나는 그 기분을 잊을 수 없다.

그날 저녁 그가 미리 불러놓은 인천에 사는 팔봉학교 제자들과 송도 횟집에서 자리를 함께했다. 40줄에 들어선 제자들과 한창 옛이야기를 꽃피우고 있을 때 윤현이는 내게 이런 말을 했다.

"선생님이요, 저 갈치고 다음엔 동생 현주도 담임허셨는디유. 너 같은 애가 어찌 현주 같은 동생이 다 있냐? 그러셨어요."

참 어이없고 아뜩한 순간이었다. 어린 마음에 얼마나 상처를 받았을지 기가 막혔다. 그 젊은 시절 나는 마음에 느끼는 대로 뱉어낸 철딱서니 없는 여 선생이 틀림없었다. 그런데 그는 안절부절못하는 내 표정을 보면서 오히려 웃으며 말했다.

"선생님! 저는 공부도 못하고 말도 안 들었슈. 그런데 현주는 공부도 잘하고 똘똘했거든요. 하하하."

그는 오히려 동생 자랑을 했다. 기억해보니 현주는 야무졌고 예체능까지 뛰어났었다. 아무리 그런들….

그 후 나는 경기도교육청 발간 '희망경기교육'에 '내 인생 실수'라는 반성 글을 쓴 적이 있다. 그렇게 못난 선생임에도 윤현이는 그날 이후 시시때때로 안부를 물어 주었다.

의정부에 있는 경기도교육청 2청사에서 장학관으로 근무할 때였다.

"선생님, 지금 동두천에 일하러 가는데 의정부 지나고 있어요. 선생님 뵙고 가고 싶은데 차가 너무 커서 주차할 수 없어 인사 못 드리고 가요."

15톤 트럭을 운전하면서 걸려온 윤현이의 전화였다. 우주 비행하던 비행사의 전화를 받은들 그만큼 기쁠까. 그날 나는 종일 기분이 좋았다. 동료들에게 이런 제자가 있노라고 은근히 자랑삼아 말했다. 부럽다고 했다. 선생의 일생을 신나고 빛나게 해 주는 것! 제자 말고 더 있겠는가.

그 뒤 윤현이는 자기가 살아온 이야기를 들려주었다. 한동네에서 맞은 아내는 예쁜 딸 하나를 낳고 병을 얻어 하늘나라에 가더라고 했다.

할 수 없이 재혼을 고려했으나 어린것이 있고 보니 그것도 쉬운 일은 아니었다고 했다. 결혼과 사별, 엄마 없는 육아, 그토록 어려운 삶을 어찌 견디고 지내왔을까. 그러나 어렸을 때 예쁘게 웃던 그 모습처럼 유난히 정이 많게 관계를 맺으며 잘 살아왔음을 알 수 있었다. 젊은 날을 그렇게 아리고 힘들게 지내와서 그런지 삶을 터득한 지혜가 선생인 나보다 나았다. 매사 긍정의 말에 마음이 놓이고 감사했다.

그러나 지금도 아내 없는 제자의 의식주 생활을 생각하면 늘 내 마음은 애잔하다.

윤현이는 시골 고향 팔봉에 일 년에 몇 번씩 어머님을 찾아뵈러 간다. 가서 뵙는 일도 쉽지 않은데 올봄에는 노인들에게 좋다는 씀바귀를 50이 넘은 나이에 쭈그리고 앉아 캤다고 했다.

"종일 캔 게 두 자루유. 즙 내니까 두 박스밖에 안 나오네유. 한 박스 엄마 드리고  한 박스 보내드리니 선생님 잡수세요. 어린 거라 그다지 쓰지는 않을규."

"얼마 되지 않는 걸 어머니나 다 드리잖고…."

"아뉴. 선생님두 잡숴보세요. 몸에 좋대유."

"그래, 씀바귀는 염증에 탁월한 치료 효과가 있다고 들었어. 노화 방지에도 효험이 있다니 윤현이 덕에 내가 천천히 늙게 생겼네그려."

씀바귀뿐이 아니었다. 고향에 갈 때마다 그는 약초가 되는 것을 채취했다. 그걸 차에 자루자루 싣고 와서 인천 동네의 건강원에 맡겨 즙을 내서 어머님께 드리고 내게도 택배로 보내왔다. 어느 해는 칡뿌리를 캤다며 칡즙 한 박스를 보내오기도 했다.

"선생님! 칡뿌리가유, 팔뚝만 해요. 어릴 때는 손가락만 한 것까지 모조리 캐 먹었는데 요즘은 사람들이 캐질 않으니 그렇게 굵게 크나 봐유. 어찌 큰지 캐다가 뒤로 벌러덩했다니까뉴. 하하하."

호탕한 그 웃음을 따라 나도 함께 크게 웃었지만 그리 힘들게 캔 걸 나까지…. 칡향이 물결되어 아릿하게 가슴에 일렁였다.

그 쌉쌀달콤한 칡즙을 마시며 어릴 적 고향 친구들과 칡덩굴 찾아 산에 올라갔던 생각도 떠올랐다. 순예. 순월, 진희, 상숙 여남은 살 동네 또래와 칡뿌리를 캐러 간 산기슭에는 옹달샘이 있었다. 그 샘 가 소래기(옹기)에는 아랫마을 어느 집에서 묵은 배추김치를 담가두고 있었다. 배가 고팠는지 우리는 그걸 손으로 한 줄기씩 뜯어 먹었다. 참 시원하고 맛있었다. 그때 누군가가 소리쳤다.

"야, 저기 사람 온다!"

얼마나 무섭던지, 누가 먼저랄 것도 없이 우리는 줄행랑을 쳤다. 칡뿌리를 캐기는커녕 남의 것 먹고 혼구멍만 났을지도 모를 그날, 제자 칡즙 덕에 꺼내 보는 그리운 추억이다.

3년 전인가 보다. '이건 또 뭐지?' 아파트 문 앞에 놓인 건강즙 택배 박스. 누구 작품인지 보나마나다. 전화로 잘 받았다는 인사와 함께 이번엔 또 뭐냐고 염치도 없이 제자에게 물었다.

"그거유? 까마중유."

"까마중이 뭔가? 어릴 때 따먹던 '꺼먹땅꼴' 말인감."

"네. 맞유. 알맹이가 콩알보다 작지유."

어릴 때 집 울타리에 몇 그루 있어서 그걸 '꺼먹땅꼴'이라며 과일 삼아 따 먹었던 기억이 새로웠다. 그런데 그걸 까마중이라 하나 보았다. 언젠가 약이 된다고 농지에 대량재배하여 판매한다는 인터넷 뉴스와 사진을 얼핏 본 적이 있었다. 아무래도 그곳에서 돈 주고 사서 즙을 낸 것 같았다.

"이런 데 돈 쓰지 마."

걱정어린 내 말에 대답은 뜻밖이었다.

"아뉴, 얼마 전 포클레인 가지고 일하러 갔는디유, 작업장 산 입구에 까마중이 지천으로 깔렸덩거류."

시간당 수가로 일하는 중장비를 세워 놓고 그 작은 알갱이를 하나하나 따고 있을 윤현이 모습이 어른댔다.

해마다 그렇게 어김없이 배달되어 오는 건강원 박스 안에는 땅두릅 뿌리, 엄나무즙, 가시오가피 등 종류도 다양했다. 엄나무나 두릅도 그렇지만 가시오가피는 이름대로 가시가 가지를 뒤덮고 있다. 그 가시 박힌 나무 밑에 들어가 한 손에 연장을 들고 가지를 자르려면 얼굴이고 손이고 안 찔리는 데 없을 게 뻔하다. 아무리 장갑을 끼고 만반 준비를 해도 몇 번씩 '앗, 뜨거!' 했을 것이다. 그 가시나무가 건강원 고온의 솥에서 고아져 내게 보내지는 것이다. 그걸, 그 씁쌀한 갈색 보약을 이 못난 선생인 내가 마신 지 벌써 몇 년인가. 인삼 녹용이 이보다 소중할까. 아니, 진시황제의 불로초라도 비길 수 없을 것 같다.

예부터 군사부일체, 임금 스승 부모의 은혜란 말은 있어도 제자의 은혜란 말은 들어보지 못했다. 그러나 즙 봉지를 잘라서 마실 때마다 나는 제자의 사랑과 정성을 은혜라는 낱말로 바꿔 쓰고 싶다. 그리고 눈곱만큼이라도 갚고 싶다. 그러나 택배 용지에는 늘 인천 부평구 건강원이라고만 쓰여 있다. 몇 번이고 간곡히 집 주소를 물어도 매번 허사다.

"아뉴, 선생님! 인천서 잘살구 있는 것만 아시면 돼유."

사랑을 준 기억 하나 없이 상처만 안겼던 이 못난 선생을 늙어가면서도 섬겨주는 윤현이 같은 제자가 있다는 건 인생에 얼마나 귀하고 벅찬 행복인가.

내게도 스승의 날이 돌아오면 매년 선물을 보내 드리는 은사님 한 분이 계시다.

1998년 2월자 한국교육신문. 전국 정년 퇴임 교원 명단에서 내가 늘 잊지 못하던 1962년 중3 담임 구찬회 선생님 이름을 발견했다. 얼마나 기뻤던지. 당진중학교 교장으로 퇴임하신 선생님을 그 후 3번 뵀다. 그러나 내가 바쁘고 여의치 않다는 핑계로 선생님을 자주 뵙지는 못했다. 대신 1년에 한 번 보내드리는 택배 선물, 윤현이같이 정성 담긴 보약이면 얼마나 좋을까만 정관장에서 나오는 인삼즙이다. 그래도 선생님은 늘 이제 그만하라고 전화를 주신다. 내가 윤현이에게 그러듯 그런 마음이신 것 같다.

퇴직한 지 벌써 13년째다. 30년 교단의 제자들을 떠올려 본다. 그동안 나라의 동량으로 각처에서 일하는 제자들이 보내오는 소식을 들을 때마다 감사하는 마음과 함께 자긍심에 도취하며 기뻐했다. 이것이 내 자랑임을 숨기지 않는다.

그러나 그 감사와 기쁨이 모두 빚이다. 나는 제자들 모두에게 은혜 갚을 기약이 없는 빚쟁이다. 특히 윤현이에게는 갚지 못할 부채가 나를 목메게 한다.

**조춘호 수필집**

# 시근도 없이 웃었지

**인쇄** 2024년 2월 15일
**발행** 2024년 2월 20일

**지은이** 조춘호
**발행인** 서정환
**펴낸곳** 수필과비평사
**주소** 서울시 종로구 삼일대로 32길 36(익선동 30-6 운현신화타워) 305호
**전화** (02) 3675-3885 (063) 275-4000 · 0484
**팩스** (063) 274-3131
**이메일** essay321@hanmail.net
**출판등록** 제300-2013-133호
**인쇄·제본** 신아출판사

저작권자 © 2024, 조춘호
이 책의 저작권은 저자에게 있습니다.
서면에 의한 저자의 허락없이 내용의 일부를 인용하거나 발췌하는 것을 금합니다.
COPYRIGHT © 2023, by Jo Chunho All right reserved including the rights of reproduction in whole or in part in any form.
저자와 협의, 인지는 생략합니다.
잘못된 책은 바꿔 드립니다.

**ISBN** 979-11-5933-517-4 03810
**값** 15,000원

Printed in KOREA